왜 나는 기회에 집중하는가

SON MASAYOSHI 「RISK」 WO 「SEIKO」 NI KAERU 28 NO RULE
by TAKENOBU MIKI
©TAKENOBU MIKI 2014, Printed in Japan
Edited by CHUKEI PUBLISHING
All rights reserved.
Originally published in Japan by KADOKAWA CORPORATION, Tokyo.

Korean translation copyright © 2014 by Dasan Books Co., Ltd.
Korean translation rights arranged with KADOKAWA CORPORATION, Tokyo.
through Imprima Korea Agency.

이 책의 한국어판 저작권은 임프리마 에이전시를 통한 저작권자와의 독점계약으로 ㈜다산북스에 있습니다.
저작권법에 의해 한국 내에서 보호를 받는 저작물이므로 무단 전재와 무단 복제를 금합니다.

● 일러두기
독자들의 이해를 돕기 위해 원화 환산 환율은 간단히 100엔당 950원으로 통일하였다.

Risk and Chance
왜 나는 기회에 집중하는가

결단의 승부사,
손정의가 인생에 도전하는 법

미키 타케노부 지음 | 김윤수 옮김

다산3.0

| 머리말 |

당신이 만약 손정의라면

　우리는 업무뿐만 아니라, 사적으로도 결단을 내리지 못하고 망설이는 일이 많다.
　"어떻게 해야 할까?"
　"계속 해야 하나, 말아야 하나?"
　"뭘 골라야 할까?"
　당연한 일이다. 아무런 고민도 없이 늘 담담하게 살 수 있는 사람은 없다. 천재라고 불리는 손정의도 예외는 아니다. 하지만 그는 다른 사람과 달리 무수히 닥치는 위기에서 유유히 빠져나와 결국엔 성공을 거머쥐고 만다. 손정의는 문제를 어떤 방법으로 해결하는 걸까?

1998년 소프트뱅크(SoftBank)에 입사한 나는 2000년부터 사장실 실장으로 근무하면서 야후!(Yahoo!)BB 사업, 나스닥(NASDAQ) 재팬 설립, 일본채권신용 은행(現 아오조라 은행) 인수 등에 관여했다. 그리고 이 책은 그때의 경험을 떠올리며 내가 손정의로부터 배운 것들을 질문에 답하는 형식으로 정리한 내용이다.

소프트뱅크는 2006년 보다폰(Vodafone) 일본 법인을 인수하면서 '소프트뱅크 모바일'로 사업을 재정비하였다. 그때 들여온 아이폰(iPhone)이 히트를 치면서 소프트뱅크는 일본 최고의 통신 기업으로 성장하였으며, 아직도 성장세를 이어오고 있다. 2013년에는 미국 휴대 전화 회사 스프린트(Sprint)를 인수하는 등 세계 제일의 통신 사업자를 목표로 사업 규모를 확대하고 있다.

소프트뱅크 사장실 실장을 지낸 나에게는 손정의의 경영 방법을 배우기 위한 강연 의뢰가 많이 들어온다. 이 책에서 다루게 될 질문도 대부분 실제로 받은 적이 있는 것들이다. 기업 강연이나 대학 특강을 마친 뒤 받은 질문, 친목 모임에서 잡담을 나누다 받은 질문 등을 가리지 않고 꼼꼼히 정리하였다.

내 강연을 들었던 사람 중에는 경영자나 비즈니스 퍼슨으로 성공한 사람도 있다. 그들 가운데 몇몇은 내 조언의 결과를 가끔 전해 오기도 한다. 물론 내 조언을 듣고도 아무런 효과를 보지 못한 사람도 있다. 이렇게 성공한 사람들과 성공하지 못한 사람들의 차이는

'조언을 실제로 경영에 어떻게 반영했는가'의 차이에서 온다고 생각된다.

내가 던지는 조언은 기본적으로 손정의의 사고방식과 소프트뱅크에서 쌓은 개인적인 경험을 바탕으로 한다. 그만큼 사업 분야가 다르거나 규모가 다른 기업에서는 내 조언이 빛을 발하지 못할 수도 있다. 아마 내 조언을 듣고도 성공한 사람들은 '손정의와 소프트뱅크의 성공 사례는 내가 하려는 일과 다르다.' 또는 '기업 규모가 다르니 우리 회사 실정에는 맞지 않는다.'라고 생각하며 각자의 상황에 맞게 해석했을 것이다. 이처럼 앞으로 말하고자 하는 이야기는 실전에서 어떤 방식으로 적용하느냐에 따라 그 결과가 달라질 수 있다. 부디 자신의 입장을 고려하면서 책의 내용을 이해하기 바란다.

이 책은 크게 '손정의가 사는 법', '결단의 방정식', '실전 업무술', '역전의 사고'로 구성되어 있다.

'손정의가 사는 법'에서는 업무뿐만 아니라 인생의 목표를 설정하는 방법, 구체적으로 목표를 실현하는 방법, 무(無)에서 유(有)를 일구어내는 사고방식 등을 소개할 것이다.

'결단의 방정식'에서는 양자택일의 기로에 놓였을 때 답을 얻기 위한 사고와 다양한 돌발 상황에 대한 대처법, 미래를 위해 결단하는 방법 등을 정리하였다. 쉽게 결정하지 못하고 망설이는 사람들에게 추천한다.

'실전 업무술'에서는 소프트뱅크에서 배운 업무술과 다량의 업무를 신속하게 마치는 방법을 소개한다.

마지막으로 '역전의 사고'에서는 인생과 업무에서 피할 수 없는 사람 또는 조직과 어떻게 관계를 맺는 게 현명한지를 다룬다. '상대와 의견이 달라 충돌했을 때 건설적인 해결 방법을 찾으려면?', '회사에서 기회를 주지 않는다면?' 등의 구체적인 질문에 대한 답변으로 비즈니스 퍼슨이라면 반드시 읽어야 하는 장(章)이다.

이 책은 우선 목차를 훑어보고 자신에게 꼭 필요한 주제를 다룬 장부터 찾아서 읽어보기 바란다. 자신이 처한 상황과 차이가 있더라도 부디 자신의 문제라고 생각하고 읽어보자. 그러고 나서 실제 행동으로 옮기면 성공이라는 가치에 한 걸음 다가갈 수 있다.

'만약 내가 손정의라면······.' 하고 생각하는 순간 당신의 고민은 해결된 셈이나 마찬가지다.

| 차례 |

머리말 당신이 만약 손정의라면 4

 **1장 손정의가 사는 법** 리스크 없는 인생은 없다

'짚대 부자'처럼 성공하라 15
소프트뱅크의 '짚대 부자' 성공기 | 관심 가질 만한 정보를 뿌려라

불가능한 계획은 없다 22
리스크를 안아야 꿈을 실현할 수 있다 | 50년 계획이 하루 계획의 밑거름이 된다

이기는 습관을 익혀라 29
손정의가 항상 자신만만한 이유 | 기업과 국가는 자신감 있는 인재를 원한다 | 자신감을 되찾아주는 강렬한 한마디 | 판매 경험이 쌓이면 영업맨은 자신감을 갖는다

도전은 당연한 일이다 37
빨리 결정하라 | 성공하는 사람은 도전을 즐긴다

위기에 처하면 잘하는 분야에 주력한다 42
손정의가 위기에서 탈출하는 방법 | 성공 요소를 찾아 집중 투자하라

한 번쯤은 뒤를 돌아보라 47
새로운 사람을 만나라 | 과거의 자신을 만나라

목표를 정한 다음 필요한 걸 배운다 51
당신이 성공하지 못하는 이유 | 질문을 통해 전문가 이상의 지식을 얻어라 | 우선 올라갈 산을 정하라

롤모델을 정하고 따라 하라 57
롤모델은 누구라도 상관없다 | 손정의의 롤모델

원대한 꿈을 위해 일하라 62
일을 하는 이유가 다르다 | 300년을 생각하는 소프트뱅크 | 존속 가능한 기업의 조건

2장 결단의 방정식 싸우기 전에 이긴다

첫 번째 선택이 중요하다 71
차라리 대기업에 취직해라 | 벤처기업에서 성공하기 | 무에서 유를 창조하는 일은 어렵다

철수 시점을 정한 뒤 시작하라 77
먼저 철수 기준을 정한다 | 포기는 성공을 위한 포석이다

확실한 비즈니스 플랜이 있으면 돈은 알아서 따라온다 81
성과가 없는 게 플러스다 | 자금은 유망한 투자 대상을 찾고 있다

실패해도 포기할 수 없는 비즈니스가 기업을 구한다 88
사업을 진행하는 세 가지 기준 | 어떤 사업이든 성공 확률은 낮다

사서 고생하는 용기가 필요하다 94
어려서부터 배워라 | 한 번쯤은 사서 고생해라 | 비즈니스 모델을 전환하라

 **3장 실전 업무술** 업무 고민은 업무로 해결한다

일을 미루는 순간 끝이다 103
'오늘 가능한 일'은 오늘 모두 끝낸다 | 답이 보일 때까지 한다

리더는 항상 책임을 진다 108
리더십의 본질은 변하지 않는다 | 손정의의 철저한 리더십 | 성과를 볼 수 없는 성과주의의 한계

성공 확률이 낮을수록 기회다 116
프로젝트 매니저가 없다 | 야후!BB 사업도 처음에는 실패 확률이 높은 프로젝트였다 | 리스크가 높은 프로젝트는 큰 도전이다

기획은 새로운 조합을 찾는 일이다 123
조합으로 성공한 〈퍼즐 앤드 드래건〉 | 제로에서 탄생한 발명품은 없다 | 키워드 조합의 성공 법칙

생산성을 최대로 끌어올려라 130
회사의 운명은 사장의 생산성에 달렸다 | 정례회를 페이스메이커로 이용한다

속도가 생명이다 135
지금 가능한 일은 그 자리에서 끝낸다 | 생각에 잠기면 안 된다

배운다는 자세로 임한다 141
업무 성질을 판별한다 | 어떤 일이든 성실하게 한다

 **4장 역전의 사고** 위기를 기회로 만든다

사고를 바꾸면 위기가 기회로 바뀐다 149
전문 지식을 굳이 배울 필요는 없다 | 자신의 위치를 명확하게 한다 | 중요한 건 '무엇을 못하는가'다

상황을 움직이게 하는 포지션으로 변화한다 154
회의 시간과 효과는 관계없다 | 회의록 포맷을 바꿔라 | 정보와 결정 사항의 차이 | 회의의 완성은 '서기'

끝까지 해내서 신뢰를 얻는다 162
내뱉은 말은 반드시 지킨다 | 손정의의 약속

반대 의견을 심사숙고하는 계기로 삼는다 167
반대하려면 대안을 내라 | 가사이 임원의 충언

작은 성공이 커다란 신뢰가 된다 173
먼저 성과를 보여라

반대하는 사람을 내 편으로 만든다 178
의견은 바뀔 수 있어도 의도는 바뀔 수 없다 | 말하기 전에 듣는다

모든 일에 전력투구한다 184
대리인에서 프로젝트 매니저가 되기까지

맺음말 답은 우리 속에 있다 188

1장

손정의가 사는 법
리스크 없는 인생은 없다

'짚대 부자'처럼 성공하라

성공할 수 있는 기회를 얻으려면 어떻게 해야 하나요?

이 질문에 대한 답은 모든 사람이 궁금해하지 않을까? 사람들은 누구나 성공할 수 있는 기회를 얻고 싶어 한다. 그리고 손정의만큼 기회를 만드는 데 뛰어난 능력을 지닌 사람은 없다. 나뿐만 아니라 많은 사람이 '손정의만큼 기회를 만드는 데 능한 경영자는 없다.'라고 생각한다. 실제로 아이폰 출시 초기에 일본 판매권을 독점한 것처럼 기회를 잡는 데 있어서 손정의를 능가하는 경영자는 없다. 이때 살린 기회를 바탕으로 소프트뱅크는 다른 IT회사들이 시장에서 줄줄이 퇴장당하는 가운데에서도 급격한 성장세를 유지하고 있다.

그렇다면 손정의는 어떻게 기회를 잡았을까? 바로 '짚대 부자'와 같은 경영을 실천했기 때문이다.

'짚대 부자'라는 옛날이야기가 있다. 옛날 옛날에 한 가난한 젊은이가 살았다. 어느 날 사당에 들른 젊은이는 부자가 되어 근사한 집에 살고 싶다고 관세음보살에게 소원을 빌었다. 기도를 마친 젊은이는 자리에서 일어서다가 그만 넘어지고 말았는데, 우연히 짚대*가 보여 주워 들고 길을 나서게 되었다. 그리고 길을 걷던 중 또 우연히 등에**를 보게 되어 잡아다가 짚대 끝에 매달았다.

등에가 매달린 짚대를 들고 걸어가던 젊은이는 한 아이와 마주쳤다. 짚대를 본 아이는 부모에게 가지고 싶다며 떼를 썼다. 그러자 아이의 부모는 젊은이에게 "이 귤을 드릴 테니 짚대와 바꿔주세요." 하고 부탁했다. 젊은이는 그들의 요구에 따라 짚대와 귤을 바꿔주었고, 이때부터 '짚대 부자'로의 길을 걷게 된다. 그 뒤 젊은이는 귤을 옷감과, 옷감을 말과, 말을 저택과 바꿔서 관세음보살에게 기도한 대로 근사한 저택에 사는 부자가 되었다.

---

*　**짚대** 짚의 줄기.
**　**등에** 털이 많고 누런 몸통을 가진 벌레. 주둥이가 바늘 모양으로 뾰족하고 겹눈이 매우 크다.

이 이야기에서 흥미로운 점은 젊은이가 처음에 주운 짚대가 마지막에는 저택으로 바뀐다는 사실이다. 가치가 전혀 다른 짚대와 저택이 도중에 다양한 물건과 바뀌면서 교환이 가능해진 것이다.

소프트뱅크의 '짚대 부자' 성공기

손정의는 '짚대 부자'와 같은 성공 패턴을 보였다. 1981년 창업 당시, 소프트뱅크가 지금처럼 일본을 대표하는 통신 사업자가 되리라고는 아무도 상상하지 못했다. 그만큼 소프트뱅크가 걸어온 과정 하나하나는 리스크(risk)가 매우 크고 실현이 불가능해 보였지만, 제대로 분석해보면 승산이 있는 전쟁의 반복이었다.

예를 들어 소프트뱅크 모바일이 약진한 이유 중 하나는 아이폰을 일본에서 독점 판매했기 때문이다. 지금은 타사에서도 아이폰을 판매하지만 처음에는 소프트뱅크가 유일했다. 아이폰 독점 판매권은 타사와의 치열한 경쟁을 거쳐 획득했다고 한다.

각 회사의 사장이 미국 애플(Apple) 본사를 방문해서 판매권을 획득하려 했지만, 이 경쟁에서 손정의는 처음부터 압도적으로 유리했다. 소프트뱅크는 이미 애플의 중요한 고객이었기 때문이다. 아이폰 판매 전부터 소프트뱅크는 휴대 전화 판매 캠페인의 일환으로 아이팟을 대량 주문해놓은 상태였다. 모든 휴대 전화 구매 고객에게 경품으로 제공할 수 있을 만큼 어마어마한 물량이었다.

이는 당시 타사 제품보다 MP3 기능이 떨어지는 소프트뱅크 휴대 전화의 약점을 보완하기 위함이었지만, 손정의가 애플의 제품에 그만한 가치를 두고 있었다는 사실도 시사한다. 실제로 소프트뱅크 모바일은 아이팟을 수입하면서 회사 로고와 휴대 전화 판매 매장의 디자인을 새롭게 바꾸었다. 당시 아이팟의 컬러링, 즉 애플의 이미지컬러에 준하는 은색과 흰색을 바탕으로 한 디자인이었다.

손정의와 스티브 잡스의 협상 장면을 내가 직접 보지는 못했지만, 손정의는 소프트뱅크가 애플을 존경한다는 점을 어필했음에 틀림없다. 스티브 잡스는 분명 손정의의 태도를 보고 '아이폰 판매를 맡긴다면 소프트뱅크'라는 결론에 이르렀을 것이다.

소프트뱅크가 '짚대 부자'처럼 성공할 수 있었던 또 다른 예를 살펴보자. 소프트뱅크가 약진할 수 있었던 이유 가운데 하나는 대기업과 동일한 규모로 무역 박람회에 참가했기 때문이다. 무역 박람회 참가는 창업 직후의 벤처기업으로서는 아주 대담한 모험이었지만, 훗날 소프트뱅크가 성장하는 발판이 되어주었다.

소프트뱅크의 미국 진출은 컴덱스(COMDEX)라는 무역 박람회 사업 인수에서부터 시작되었다. 그 당시 컴덱스는 IT업계의 주요 기업 CEO들이 라스베이거스에 모이는 무역 박람회를 운영하고 있었으며, IT 관련 무역 박람회로는 세계 제일의 규모였다. 소프트뱅크의 컴덱스 인수는 미국 IT업계에서 커다란 화제가 되었다. 손정의 자신도 세계적 IT기업의 CEO들과 어깨를 나란히 하며 이야기할 수 있는 지위를 얻었다. 그렇게 손정의가 미국에서 적극적으로 투자하는 기업가로 알려지자 다양한 투자 안건이 들어오기 시작했다. 그중에서 손정의가 투자한 곳은 포털 사이트 '야후!'였다.

관심 가질 만한 정보를 뿌려라

'짚대 부자' 이야기를 하다 보면 떠오르는 사람이 한 명 더 있다. 떠오르는 신진 건축가로 알려진 넨도(Nendo) 디자인 하우스의 사토 오키(佐藤大) 씨다. 사토 씨는 《뉴스위크(Newsweek)》에서 선정한 '세계가 존경하는 일본인 100명'에 소개된 적도 있다.

사실 사토 씨는 와세다 대학 시절에 소프트뱅크에서 아르바이트를 한 적이 있다. 소프트뱅크는 2001년부터 2003년까지 브로드밴드 사업을 준비하면서 24시간 체제로 운영되었는데, 이때 다양한 잡무를 처리해줄 아르바이트생을 여럿 고용했다. 그중에서도 지금의 넨도 멤버들이 가장 열심히 일했던 것으로 기억한다.

그들은 소프트뱅크에서 일해 번 돈으로 2006년 밀라노 국제

가구 박람회에 출전하여 상을 받았다. 업계 사람들은 '사토 오키에게 든든한 스폰서가 있다.'라고 생각했다는데, 실제로는 소프트뱅크에서 장시간 아르바이트를 해서 번 돈으로 커다란 도전을 하였던 것이다.

이 상을 받은 뒤로 그는 승승장구하여 일본 국내외 디자인상을 연달아 수상하였고, 오늘날 일본을 대표하는 건축가의 한 사람이 되었다. 분야는 다르지만 꿈을 이루기 위해 세계적인 박람회에 출전했다는 점에서 손정의와 비슷하다.

손정의와 사토 씨처럼 행운을 거머쥐려면 철저한 준비가 필요하다. '짚대 부자' 이야기에서는 어느 장면이든 간에 상대방이 먼저 말을 건다. 젊은이가 먼저 "짚대와 귤을 바꿔주세요."라고 말하지는 않는다. 양측 모두에게 가치가 있는 거래라면 협상은 당연히 성립하기 때문이다.

손정의는 일단 기회가 오면 절대 놓치지 않는다. 예를 들어 미국 3위 휴대 전화 회사인 스프린트를 인수할 때 경쟁사가 나타나 애초 예상보다 가격이 상승하였지만, 손정의는 경쟁사를 압도하는 가격을 제시하고 주주들을 설득하여 인수에 성공했다.

컴덱스를 인수할 때도 비슷한 일이 있었다. 경쟁사가 소프트뱅크보다 높은 가격을 제시하여 컴덱스를 사들인 것이다. 이럴 때 대부분 경영자는 포기하지만, 손정의는 얼마 뒤 더 높은 가격을 제시하여 그 회사로부터 컴덱스를 인수받았다. 그는 일단 기회라고 생각되면 자신의 것으로 만들기 위해 노력을 아끼지 않는다.

자신에게 찾아온 기회를 잡으려면 우선 상대방이 말을 걸게끔 씨를 뿌려야 한다. 그리고 그 씨는 업계에 널리 알려질 수 있는 것이어야 한다. 널리 인지될수록 여러 안건이 들어오기 때문이다. 여러분은 그중에서 행운을 골라낼 수 있게 준비하면 된다. 만약 행운의 여신을 놓칠 것 같다면 힘으로라도 꽉 붙들어라.

"날마다 씨를 뿌리고 기회가 오면 반드시 잡는다."

손정의는 애플의 아이폰을 독점 판매하기 위해 소프트뱅크 모바일의 회사 로고와 매장 디자인을 애플의 제품과 어울리게 변경했다. 이러한 노력 덕분에 소프트뱅크는 일본 내 아이폰 판매를 독점할 수 있었다.

불가능한 계획은 없다

> **도저히 실현 불가능해 보이는 꿈을 달성하려면 어떻게 해야 할까요?**

오늘날 일본에서 커다란 꿈을 품고, 그 꿈을 실제로 이뤄내기란 결코 쉬운 일이 아니다. 이미 물건은 넘쳐나고 제1차 산업, 제2차 산업은 물론이거니와 서비스업 등의 제3차 산업, 정보 통신 개발 등의 제4차 산업에도 다양한 업종이 생겨나서 거의 모든 수요를 장악하고 있기 때문이다.

제2차 세계 대전 직후 일본은 아무것도 없는 허허벌판 상태에서 사회 구조를 새로 만들었다. 그 당시에는 어떤 물건이든 만들기만 하면 날개 돋친 듯이 팔렸고, 새로 구상한 비즈니스를 실현해 떼돈을 버는 사람들도 있었다. 세계적 대기업으로 성장한 소니(Sony)와 혼다(Honda)도 이때 처음 만들어졌다. 분명 누구나 노력만 하면 기회를 얻을 수 있는 시대였던 것이다.

그리고 60년의 세월이 흘러 다종다양한 회사가 생겨났다. 지금은 물건이 넘쳐나서 '어떻게 버릴까'를 테마로 한 책들이 베스트셀러가 될 정도다. 사회 구조가 이미 완성된 상태여서 틈새시장을 찾아 창업을 하려고 해도 생각처럼 쉽지 않다. 시장은 포화 상태인 데다 대기업들도 북적거리고 있다. 게다가 버블경제 때 대거 입사한 세대들이 회사에 남아 있어서 젊은이들이 출세를 하거나 벤처기업을 세우기도 어렵다.

리스크를 안아야 꿈을 이룰 수 있다

사회 구조는 이미 완성되어 있으니 거기에 편승만 하면 된다는 생각으로 좋은 대학에 진학해서 좋은 회사에 들어가려는 사람이 많다. 안정된 회사에서 최대한 튀지 않고 정년까지 근무하는 것을 목표로 삼는 사람도 많다. 요즘 같은 사회에서 사람들이 꿈을 잃어버리는 건 어쩌면 당연한 일이다.

하지만 리스크를 취하지 않는 삶은 오히려 아주 위험한 일이다. 가사이 마즈히코(笠井和彦) 임원(2013년 10월 21일 서거)의 말이 떠오른다. 가사이 임원은 "새로운 걸 해도 리스크, 안 해도 리스크."라고 하였다.

가사이 임원은 후지 은행(現 미즈호 은행) 부행장 출신으로 금융계에서는 외환 거래(foreign exchange dealing)*로 크게 성공한 인물이며, 손정의가 삼고초려(三顧草廬)해 맞이한 거물이다. 그는 소프트뱅크에서 니혼텔레콤과 보다폰 일본법인 인수 지원, 미국 투자 자금 조달 등을 책임지며 장기적으로 사업을 지탱해왔다. 그가 없었다면 오늘날의 소프트뱅크는 존재하기 어려웠을 것이다.

가사이 임원은 필시 외환 시장의 경험을 바탕으로 "새로운 걸 해도 리스크, 안 해도 리스크."라고 말했을 것이다. 외환 시장에서는 어느 포지션을 유지하든 언제나 리스크가 있다. 그 상태로 존재하는 것도 리스크지만, 시세 변동에 맞춰 새로 입장을 정하는 것도 리스크다. 이래도 리스크, 저래도 리스크. 가사이 임원은 이러한 경험을 살려 소프트뱅크 사업을 진행해왔다.

---

* **외환 거래** 외화를 매매하는 행위를 가리키며, 특히 국제 외환 시장에서의 은행 간 거래를 말한다.

가사이 임원의 말은 회사 경영뿐만 아니라 인생에도 그대로 들어맞는다. 회사는 창업한 이상, 인간은 태어난 이상 사회에서 어떤 포지션이든 취해야 한다. 사람들의 바람과 달리 절대로 안정된 것은 없다는 뜻이다.

당신이 회사에서 눈에 띄게 일하는 스타일이 아니라면 이직할 때 면접관에게 자신을 어필할 수 없다. 회사 안에서 아무리 빈틈없이 일을 해도 밖에서는 그 사실을 모른다. 그래서야 어디 좋은 회사로 이직할 수 있겠는가? 무슨 일을 하든지 당신의 가치를 더욱 빛나게 할 수 있는 방법을 고민해야 한다.

반대로 상사가 위험한 지시를 내렸을 경우를 생각해보자. '법적으로 괜찮을까?', '위험 요소가 있는데 성공할 수 있을까?' 하는 우려가 들지만 성공만 하면 큰 이익이 생기는 일이다. 이럴 경우 일이 틀어지면 상사가 책임을 떠넘길 가능성도 있다. 드라마처럼 상사가 "저는 반대했는데 이 직원이 멋대로 했습니다." 하고 당신에게 책임을 전가할 수도 있다. 실제로 일선 현장에서는 비일비재하게 발생하는 일이다.

결국 어떤 식으로 일을 하든 리스크는 피할 수 없다. 그리고 어차피 같은 리스크를 짊어질 것이라면 커다란 꿈을 향해 나아가는 편이 낫다.

만약 누군가 나에게 "실현이 불가능해 보이는 꿈을 갖는 것도 괜찮은가요?"라고 묻는다면 그 답은 당연히 "Yes!"다. 물론 그렇다고 해서 꿈만 가져서는 안 된다. '꿈을 종이에 써서 벽에 붙이면 결국 이루어진다', '꿈을 계속 말하면 언젠가 이룰 수 있다'는 얘기도 있지만, 그렇게만 해서 성공하는 사람은 드물 것이다. 정말 성공한 사람들은 분명 다른 일을 더 하고 있다. 성공한 사람과 몽상가의 차이는 바로 여기에서 시작된다.

50년 계획이 하루 계획의 밑거름이 된다

손정의의 '인생 50년 계획'은 제법 유명해서 경영자들 사이에서는 모르는 사람이 없을 정도다. 손정의는 스무 살이 되기도 전에 '20대에 이름을 떨치고, 30대에 최소 1,000억 엔의 운영 자금을 모으고, 40대에 승부를 걸고, 50대에 사업을 완성하고, 60대에 다음 세대에 사업을 물려준다!'라는 인생 50년 계획을 세웠다.

소프트뱅크는 분명히 그의 계획대로 성장하고 있다. 손정의는 20대에 소프트뱅크를 창업하고, 30대에 주식 공개*로 1,000억 엔(약 9,500억 원)이 넘는 운영 자금을 조성했다. 40대에는 브로드밴드

---

* **주식 공개** 소수의 주주에게만 점유되어 있는 회사의 주식 소유를 일반인에게도 허용하는 일.

사업으로 승부를 걸었고, 50대에 들어서는 휴대 전화 사업을 전 세계로 확대시켜 사업을 완성하고자 한다.

'실현이 불가능해 보이는 꿈'을 차근차근 실현시키는 손정의의 힘. 과연 어디에서 나오는 것일까? 바로 10년, 1년, 1달, 1주, 하루로 이어지는, 점점 세분화되는 목표를 가지고 있기 때문이다.

손정의는 항상 새해가 되면 연간 목표를 세운다. 실제로 나는 1월 1일에 손정의의 자택으로 불려가 1년 계획을 세우는 일을 도운 적도 있다. 특히 손정의는 자신이 그리는 사업 계획을 종이에 전부 적어놓는다. A4 용지를 가로로 놓고 세로로 4번 접으면 긴 직사각형 모양의 공간이 생긴다(일본어는 대게 위에서 아래로 쓰기 때문에 종이를 세로로 접는다 - 옮긴이). 그는 거기에 의외로 작로 동글동글한 글씨로 사업 계획이나 사업 현황을 계속 써 내려간다. 그리고 그걸 윗주머니에 넣어두었다가 매일 아침 출근하는 자동차 안에서 확인한다.

구체적인 손정의의 목표는 모두 최종 목표에서 역산된다. 현재 실력에서 가능한 일을 하나 넘어서면 다시 다음 산을 목표로 삼아 올라가는 식이다. 그처럼 몇 개의 작은 목표를 넘으면 처음에는 도저히 불가능해 보였던 커다란 목표도 충분히 이룰 수 있는 실력이 생긴다.

'도저히 실현이 불가능해 보이는 꿈을 달성하려면 어떻게 해야 할까요?'라는 물음에 대한 답은 '10년, 1년, 1달, 1주, 하루로 실현

가능성이 있는 세분화된 목표를 세운 뒤 궤도를 수정하면서 추진하면 가능하다!'이다. 종이 위에 당신의 목표가 무엇인지 적어보자. 그리고 당장 가능한 계획부터 차근차근 추진해보자.

"10년, 1년, 1달, 1주, 하루로 세분화된 목표를 세운다."

손정의는 19세 때 '20대에 이름을 떨치고, 30대에 최소 1,000억 엔의 운영 자금을 모으고, 40대에 승부를 걸고, 50대에 사업을 완성하고, 60대에 사업을 다음 세대에 물려준다!'라는 인생 50년 계획을 세웠다.

이기는 습관을 익혀라

> **아직 저의 업무 방식에 자신감이 없습니다.
> 어떻게 하면 자신감을 가질 수 있을까요?**

자신감은 매우 중요하다. 입학시험이나 운동 경기, 음악 발표회에서도 자신감이 없으면 제 실력을 발휘하지 못할 가능성이 크다. 사회생활도 마찬가지다. 회사 상사나 부하, 동료, 거래처 담당자는 '당신은 자신감을 가진 인물인가?'를 항상 묻는다. 자신감 있는 사람과 함께 일해야 성공 확률이 높아지고, 프로젝트나 사업도 수

월하게 추진할 수 있기 때문이다.

자신감이 없으면 새로운 일에 도전할 수 없다. 그리고 새로운 일에 도전하지 않고 누군가 해온 걸 반복하기만 해서는 실적을 올리기 어렵다. 여러분이 몸담고 있는 오늘날의 기업이 그렇다. 매일 똑같은 일이 반복되는 일상적인 업무에 함몰되면 언제든 다른 사람으로 대체될 수 있다. 이것이 당신의 가치를 스스로 높여야 하는 가장 큰 이유다.

"어떻게 하면 자신감을 가질 수 있을까요?"

대학에서 강의를 할 때 학생들이 자주 하는 질문이다. 그만큼 자신감 없는 젊은이가 많은 듯하다. 그리고 나는 이런 질문을 받을 때마다 손정의의 모습을 떠올린다.

손정의는 항상 미래에 대한 확신이 넘쳐 보인다. 주주 총회를 하거나 신규 사업 관련 기자 회견을 할 때도 메모를 들여다보지 않고 사람들의 눈을 보며 이야기한다. 한 치의 머뭇거림도 없이 언제나 자신의 목소리로 청중들에게 생각을 전한다.

손정의의 자신감은 기업 인수나 거액의 자금 조달을 다루는 치열한 협상 테이블에서 진가를 발휘한다. 그는 상대방과 자신의 입장을 면밀히 비교하며 합의점을 도출한다. 그리고 자신의 의사를 관철하기 위해 명료한 주장을 펼친다. 손정의의 당당한 목소리는 상대방을 굴복시키는 강력한 무기다.

손정의가 항상 자신만만한 이유

손정의는 어떻게 항상 자신감이 가득할 수 있을까? 그 비결은 손정의 아버지의 '천재'적인 교육법에 있음이 틀림없다.

손정의는 어릴 때부터 아버지에게 "너는 천재다."라는 말을 들으면서 자랐다. 참고로 손정의의 남동생이자 내 동급생이었던 손태장(孫泰蔵)도 똑같은 말을 들으면서 자랐다고 한다. 웃을 수도 있겠지만, 아버지가 형제에게 던졌던 말은 빈말이 아니었다. 듣는 이가 실제로 그렇게 생각하게 될 정도로 열렬한 칭찬이었다.

손정의 형제의 아버지가 자식들을 이렇게 칭찬한 이유는 '자식 바보'였기 때문이 아니다. 의도적으로 자신감을 키워주고자 그렇게 했던 것이다. 아버지는 사업에 관한 문제를 초등학생이었던 손정의에게 의논하고 대답이 마음에 들면 실행에 옮기기도 했다. 찻집을 운영할 때, 손정의의 말을 듣고 '한잔 무료 시음권'을 나누어 준 일은 좋은 예다.

손정의 아버지의 교육법은 일반적인 교육법과 반대될 수 있다. 보통 부모들은 자녀들이 못하는 점을 지적하여 바로잡기에 바쁘다. 자식들이 모든 면에서 균형 잡힌 인재가 되길 원한다. 특히 일본에서는 '자신감 과잉'의 상태를 겸손하지 못하다고 생각한다. 그래서 절대 자녀에게 "너는 천재다."라고 말하는 경우가 없다.

손정의 집안의 자녀 교육법은 미국식이라고 볼 수 있다. 즉 자신감을 갖게 해 본인의 잠재력을 일깨워주는 자녀 교육법이다. 그리고 남들과 달랐던 미국식 교육의 결과가 오늘날 손정의 형제의 성공으로 이어지고 있다. 아마 자신감이 부족했다면 두 형제 모두 리스크가 큰 창업에 도전하지 못했을 것이다.

기업과 국가는 자신감 있는 인재를 원한다

　자신감은 개개인의 출세 외에도 기업 성장과 밀접한 관계를 맺는다. 사회는 혁신적이고 독자적인 상품, 서비스를 창출하기 위해 항상 변화한다. 중국이나 한국, 베트남 등 아세안(ASEAN) 국가들의 경제력이 커질수록 변화는 빠르고 다양하게 진행될 것이다.
　그렇다면 일본은 어떤가? 일본 대기업의 실적이 침체된 이유 가운데 하나는 비즈니스 퍼슨들의 자신감이 결여되었기 때문이다. 인센티브 제도의 예를 들어보자. 일본 기업들은 2000년대에 들어서면서 연공서열 중심의 급여 체계를 대신해 미국 기업이 주로 사용하는 인센티브 제도를 도입했다. 개개인의 능력을 향상시키고 경쟁을 유도해 성과를 올리겠다는 목적이었다. 하지만 아쉽게도 결과는 실패였다.

미국 사람들은 성과에 따라 보수가 올라가므로 애당초 목표를 높게 세우려고 한다. 그러나 일본인들은 반드시 실현 가능한 목표를 세워서 확실하게 달성하려고만 했다. 그 결과 일본 기업들은 오히려 성장이 멈춰버렸다. 가전업계에서 혁신적인 상품이나 서비스가 등장하지 않는 이유 또한 인센티브 제도의 역효과라 생각된다. 책임에 민감한 일본 기업의 문화에 인센티브 제도는 어울리지 않는 것이다.

미국과 일본의 벤처기업 수를 살펴보면 두 나라의 자신감 차이를 더욱 뚜렷하게 알 수 있다. 오늘날 세계적인 벤처기업은 대부분 미국에서 배출되었다. 물론 미국 인구가 다른 나라보다 많고 국력도 강하지만, 의욕적이고 혁신적인 비즈니스 모델이 많이 탄생하는 이유는 그 때문만이 아니다. 벤처기업을 세울 만큼 자신감 충만하고 야심 있는 사람이 셀 수 없이 많기 때문이다. 이처럼 자신감은 개인의 성적뿐만 아니라 기업이나 국가의 발전에도 큰 영향을 미친다.

다시 처음 질문으로 돌아가 보자. 어떻게 하면 자신감을 가질 수 있을까?

손정의처럼 부모에게 "너는 천재다."라는 말을 들으며 자란다면 좋겠지만, 실제로 그런 사람이 주변에 얼마나 될까? 그렇다면 늦은 걸까?

아니다. 손정의는 직원들의 자신감을 중요하게 생각했고, 그들의 자신감을 북돋아주기 위해 다음과 같은 방법을 사용했다.

자신감을 되찾아주는 강렬한 한마디

무너진 자신감을 다시 세우는 방법은 바로 사소하게라도 성공 체험을 쌓는 것이다. 예를 들어 기업 인수 현장에서는 직원들의 자신감을 북돋아주기 위해 일부러 치켜세워주는 경우가 있다. 인수되는 회사는 대부분 거듭된 업적 부진으로 직원들이 실패감에 빠져 있다. 그런데 인수하는 회사는 그 기업이나 사업 가능성을 보고 과감히 투자를 결정했기에 반드시 직원들의 자신감을 회복시켜줄 필요가 있다. 손정의는 누구보다도 그 사실을 잘 알고 있었다.

소프트뱅크가 보다폰 일본 법인을 인수했을 때의 일이다. 그당시 보다폰 일본 법인은 만년 3위에 머물렀고, 이대로 가다가는 다른 회사에 고객들을 빼앗기고 사라질지도 모른다는 위기감이 있었다. 당연히 사내 분위기도 어두울 수밖에 없었다. 소프트뱅크가 인수한 뒤 새로운 경영 계획을 세우려고 해도 마땅한 아이디어가 나오지 않았다. 그때 손정의가 영업 간부 회의에 들이닥쳤다.

"지는 게 습관이 된 건가? 단 한 번만이라도 최고가 되어보게!"

손정의는 직원들을 크게 꾸짖었다. 그때부터 회의는 손정의 동석 하에 철저하게 진행되었고, 마침내 휴대 전화 가입자 순증가율 1위를 차지할 수 있었다. 아이폰이 출시되기 전이었으니, 순전히 영업 방식을 연구하고 변화시켜 달성한 성과라 볼 수 있다.

한 번 최고의 기쁨을 맛본 직원들은 그 뒤 주도적으로 다양한 아이디어를 내기 시작했고, 손정의가 굳이 참여하지 않아도 최고 자리를 유지하는 수준에 다다랐다. 그렇게 소프트뱅크 모바일 사업은 순풍에 돛을 단 듯 순조롭게 성장했다.

판매 경험이 쌓이면 영업맨은 자신감을 갖는다

손정의는 최전선에서 일하는 영업 사원들의 자신감을 중요하게 생각했다. 판매 실적이 부족하면 영업맨은 자신이 판매하는 상품에 대해 자신감을 갖지 못한다. 그래서 손정의는 처음부터 대대적인 캠페인을 전개하여 영업맨들에게 판매 경험을 쌓게 했다. 회사의 이익이 줄어들어도 크게 신경 쓰지 않았다.

실제로 영업맨들의 판매 경험은 그들에게 자신감을 불어넣었다. 그 결과 소프트뱅크는 판매 경험이 많은 영업맨을 다수 보유하면서 압도적인 영업력을 자랑할 수 있었다.

작은 성공은 자신감이 된다. 한 번 성공하면 '나는 이길 수 있다', '나는 성공할 수 있다'는 자신감이 생긴다. 그러므로 작은 도전일지라도 반드시 이길 수 있도록 최선을 다하자. 시험이나 운동 경기, 음악 발표회에서도 지나치다 싶을 정도로 노력을 퍼붓자.

만약 당신이 비즈니스 퍼슨이라면 사고를 전환하라. 작은 일이라도 성공할 조짐이 보이면 과감한 금액을 투자하라. 움츠러들지 않고 일을 크게 벌이는 것이다. 그리고 확실한 성공을 거둬라. 한 번 성공하면 자신감이 생기고 생각도 유연해져서 아이디어가 쏟아진다. 쏟아지는 아이디어는 성공으로 가는 지름길이다.

"작은 성공이 쌓여서 자신감이 된다."

손정의 결단! 손정의는 무기력증에 빠진 부하 직원들을 보며 "지는 게 습관이 된 건가? 단 한 번이라도 최고가 되어보게!" 하고 크게 꾸짖었다. 그리고 직접 회의에 동석하며 새로운 아이디어를 이끌어낼 수 있도록 격려했다.

도전은 당연한 일이다

> **막상 도전하려니 실패할 것 같아 두렵습니다.
> 어떻게 하죠?**

이런 고민은 일할 때뿐만 아니라 일상생활에서도 발생한다. 누구나 실패는 두렵다. 나는 영어로 프레젠테이션할 때 상당한 부담을 느낀다. 며칠 전부터 극심한 스트레스에 시달린다. '이 일을 괜히 시작했나?', '질문하는 사람의 영어를 못 알아들으면 어떻게 하지?', '비행기까지 타고 멀리 이동하기 귀찮은데…….' 하는 생각도

든다. 물론 프레젠테이션 당일, 현장에 도착하면 그런 생각들은 말끔히 사라진다.

빨리 결정하라

실패에 대한 부담감에서 벗어나기 위해 몇 가지 하는 일이 있다. 우선 일이 생기면 즉시 '하겠다'고 결정한다. 판단을 미루면 미룰수록 부정적인 마음이 생기기 때문이다.

이에 관한 무의식의 심리는 이론적으로도 설명할 수 있다. 리스크 인지 편향(cognitive bias) 이론에 따르면 '인간은 시간의 경과로 발생하는 비용이나 리스크보다도 가까운 시점에 발생하는 비용이나 리스크를 더욱 중요하게 본다'고 한다. 해외여행을 계획할 때에는 마냥 즐겁다가도 막상 출발일이 다가오면 가기 귀찮아지는 경험을 누구나 해보지 않았는가? 나도 그런 사람 중 하나다. 공항에 가기 전까지는 항상 '귀찮다'는 생각을 한다.

인지 편향은 리스크뿐만 아니라 금전적인 문제에도 적용된다. 예를 들어 100만 원을 주고 에너지 효율 등급이 높은 에어컨으로 교체하면 매년 전기료가 25만 원씩 절감된다고 치자. 그런데 이 사실을 알아도 당장 교체하는 사람은 많지 않다. 4년만 사용해도 본전을 뽑을 수 있는데 눈앞의 리스크에 결정을 주저하는 것이다. 역시 가까운 비용이나 리스크를 지나치게 크게 생각하고, 미래의 이익은 작게 평가하기 때문이다.

이처럼 사람의 심리는 시간으로부터 여러 가지 영향을 받는다. 그러므로 일이 생기면 즉시 하겠다고 판단해야 한다. 시간이 흐를수록 리스크의 영향으로부터 자유로울 수 없고, 피하고 싶은 마음도 강해진다.

빨리 의사 결정을 내리면 그만큼 준비하는 데 더 많은 시간을 투자할 수 있다. 결정이 늦을수록 마음의 여유가 없어져 실패할 확률만 늘어날 뿐이다. 또는 끝내 두려움을 이기지 못하고 도전도 해보지 못한 채 자신의 가능성을 망쳐버릴 수 있다.

성공하는 사람은 도전을 즐긴다

일찌감치 의사를 결정했다면 이제 실행만 하면 된다. 일정을 보면서 차근차근 준비하도록 하자.

내 프레젠테이션을 예로 들면, 주제를 정한 뒤 슬라이드별로 하고 싶은 이야기를 세 개씩 정리한다. 그리고 슬라이드 한 장당 중요한 메시지를 하나씩 적는다. 앞서 정리한 하고 싶은 이야기 세 가지는 그 슬라이드의 메시지를 보강하기 위한 것이다. 만일 프레젠테이션 도중 세 가지 이야기를 잊더라도 당황할 필요는 없다. 그 슬라이드의 메시지에만 집중해서 무언가를 '세 개'만 말하면 된다.

슬라이드 한 장당 코멘트를 세 개씩 정하면 발표하는 데 3분이 걸린다. 여러 번 반복하며 계산한 결과다. 그래서 나는 내 스피치에 대해 전혀 걱정하지 않는다. 코멘트를 잊어서 난감했던 적도 없고 늘 예상 시간대로 끝내고 있다. 이처럼 발표를 자주 하는 사람이라면 자신의 호흡과 발표 속도를 정확히 가늠해둘 필요가 있다.

여기서 내가 말하고자 하는 바는 큰일을 준비할 때는 해야 할 일을 구체적으로 나누라는 것이다. 프레젠테이션 전체를 하나의 덩어리로 보고 모든 내용을 암기하려고 하면 100% 실패한다. 그러나 슬라이드 한 장당, 3분 동안, 세 가지 이야기를 여러 번 발표한다고 생각하면 별로 어렵지 않게 느껴진다. 부담 없는 작은 과정의 반복이 45분의 프레젠테이션으로 발전하는 것이다.

그러면 누구나 분명 '나도 할 수 있다!'라고 생각하게 된다. 자신이 갖춘 능력 안에서 일하는 사람은 다양한 도전을 두려워하지 않는다. 아니, 도전 그 자체를 즐기게 된다. 도전을 즐기는 건 '싸우지 않고 이기는' 필승 전략법이다. 싸우지 않고 이기는 사람들에게 도전은 '당연히 가능한 일'이다.

손정의 역시 싸우지 않고 이기는 필승 전략법을 알고 있다. 손정의는 어떤 일을 하든 무작정 뛰어들지 않고 미리미리 준비한다. 불확실한 요소는 최대한 배제해서 당연히 이기게끔 만든다. 예를 들어 손정의의 프레젠테이션에는 원고가 없다. 직접 슬라이드를 만들면서 자신의 생각을 정리하기 때문에 원고가 필요 없는 것이다. 이처럼 손정의에게 도전은 당연한 일이다.

'두려움 없이 도전하기' 위한 요령을 정리하면 다음과 같다.

첫째, 일찌감치 도전을 결정한다.

둘째, 그 사실을 주변에 선언한다.

셋째, 자신감을 가질 수 있는 단위까지 할 일을 구체적으로 나눈다.

넷째, 단위별로 시간을 들여서 철저하게 준비한다.

"즉시 도전을 결정하고, 할 일을 구체적으로 나눠서 준비한다."

손정의는 이기는 게 당연하게끔 구체적인 준비를 했다. 프레젠테이션 자료도 부하 직원을 시키지 않고 직접 만들면서 꼼꼼하게 발표를 준비했다.

위기에 처하면 잘하는 분야에 주력한다

**절체절명의 위기에 처했을 땐 어떻게 해야 하나요?
싸워야 할까요, 아니면 포기해야 할까요?**

당신의 지난 인생에서 가장 큰 위기는 무엇이었는가? 살다 보면 절체절명의 위기에 빠질 때가 있다. 물론 소프트뱅크도 예외는 아니다. 소프트뱅크는 존폐의 위기에 빠진 적이 몇 번 있다.

특히 2000년에 발생한 IT버블 붕괴(1995년부터 2000년까지 IT기업의 주가가 폭등했다가 순식간에 떨어진 현상 - 옮긴이)가 가장 큰 위기였다.

언론은 연일 '소프트뱅크는 허업(虛業)이었다', '소프트뱅크는 자금 마련이 어려운 모양이다' 등의 기사를 쏟아내며 소프트뱅크를 공격했다. 그때 소프트뱅크의 주가는 순식간에 100분의 1로 하락했다.

IT버블 붕괴는 장차 인터넷 관련 사업이 성장할 것이라는 주식 시장의 지나친 기대 심리를 깨뜨리는 일이었다. 분명 IT버블 현상의 이면에는 IT산업의 미래를 과대평가한 부분도 있었다.

하지만 현재 소프트뱅크와 야후!재팬의 주가는 IT버블 붕괴 이전의 수준으로 회복하였다. 바꾸어 말하면 IT산업에 대한 장밋빛 평가는 장기적으로 볼 때 옳았던 것이다. 결국 주식 시장은 단기적으로 과잉 상승이나 하락을 하면서도 장기적으로는 실태에 맞게 움직이고 있다.

어쨌든 그때 주식 시장의 파도에 먹혀버린 회사가 많았다. 회사 사장들이 위기에서 탈출하기 위해 전력을 다했지만 역부족이었다. 기본적으로 사장에게 '포기'라는 선택지는 존재하지 않는다. 주식 공개 전의 벤처기업이나 중소기업이라면 사장이 회사 부채에 개인 보증을 섰을 것이고, 주식을 공개한 상태라면 주주들이 책임을 묻기 때문이다. 사장은 어떻게든 회사를 재건할 의무가 있다.

그러면 사라진 회사들과 여전히 건재한 소프트뱅크에는 어떠한 차이가 있을까?

손정의가 위기에서 탈출하는 방법

그때 손정의는 무엇을 했을까? 그는 소프트뱅크가 정리할 사업을 정했다. 그리고 남기는 사업으로 야후!재팬을 선택했다. 다른 대형 사업은 매각하거나 그만두었다. 소프트뱅크는 주가가 하락하고 세간의 평판도 바닥인 상황에서 분산된 힘을 집중할 수 있는 방법을 찾은 것이다. 손정의에게는 야후!재팬이 최후의 보루였다.

손정의는 기존 사업을 축소하는 동시에 신규로 브로드밴드 사업을 시작하고, 모든 역량을 투입했다. 본사도 아닌 다른 건물의 회의실에 상주하면서 오전 9시 15분부터 새벽 2시까지 쉬지 않고 일했다. 브로드밴드 서비스의 이름을 야후!BB로 변경하고, 회원 모집은 야후!재팬 온라인이 담당하게 했다. 결과는 대성공! 온라인을 통해 순식간에 100만 명 이상이 신청서를 접수했다.

보통 '구조조정'이라고 하면 사업과 인원을 정리하여 손익을 적자에서 흑자로 전환하는 정책을 말한다. 바꿔 말하면 축소 균형을 달성하는 것이다. 대부분 회사는 위기에 빠지면 이 방법을 선택한다. 도산의 위험을 줄이기 위해 성장보다는 사업 축소를 통해 균형을 맞추고자 한다.

축소 균형 경제 규모를 줄여서 수입과 지출의 균형을 맞추는 일.

그런데 손정의가 단행한 소프트뱅크의 사업 정리는 단순한 구조조정이 아니었다. 사업을 정리함으로써 얻은 자본을 다시 브로드밴드 사업에 투자했다. 불황의 시대에 오히려 확대 균형의 길을 걸었다. 즉 사업을 정리하되 축소 균형의 늪에 빠지지 않음으로써 절체절명의 위기를 기회로 바꾸었던 것이다. 그렇게 소프트뱅크 통신 사업은 시작되었고, 오늘날까지 이어지고 있다.

성공 요소를 찾아 집중 투자하라

현재 나는 손정의식(式) 위기 탈출법을 활용해 여러 회사와 프로젝트를 지원하고 있다. 소프트뱅크에서 독립한 뒤 회사 세 곳의 사외 임원으로 일하며, 일본연금기구 비상근이사, 후쿠시마(福島) 원전 사고 프로젝트 매니지먼트 어드바이저 등의 역할을 수행하고 있다.

나한테 이런 자리를 제안하는 경우는 대개 위기가 발생했을 때다. 당연한 일이다. 매우 심각한 상황에 부닥친 뒤 사외에서 대응이 가능해 보이는 사람을 찾은 것이니까. 사외 임원을 맡은 세 회사는 모두 내가 취임할 당시 적자에 시달리고 있었다. 그중에는 취임 직후부터 자금 마련을 위해 뛰어야 하는 경우도 있었다.

나는 사외 임원을 맡으면 그 회사의 사업 구조를 분석해 적자 사업을 축소하고 매각한다. 이해관계가 얽힌 내부에서는 어려운 일이지만, 나는 외부에서 온 사람이기에 거리낌 없이 의견을 제시한다. 그리고 기존 사업이나 신규 사업 중에서 성공 요소가 있는 것을 찾아낸다. 확실한 성공 요소가 보이면 확대 균형을 목적으로 적극적인 투자를 이끌어낸다. 결과적으로 세 회사는 모두 수입이 증가하고, 높은 평가를 받아 주가가 급상승했다.

이처럼 빠르게 정리하고 자신 있는 분야에 주력하는 것은 위기를 기회로 만드는 최선의 방법이다.

"절체절명의 위기에 처했을 때 오히려 더 적극적으로 사업을 추진한다."

IT버블 붕괴의 위기가 찾아왔을 때, 손정의는 우선 정리할 사업을 결정했다. 그리고 꼭 해야 할 사업으로 야후재팬을 선택하고 공격적으로 투자했다. 덕분에 소프트뱅크는 IT버블 붕괴에 휩쓸리지 않고 버틸 수 있었다.

한 번쯤은 뒤를 돌아보라

> **마땅한 아이디어가 떠오르지 않습니다.
> 어떻게 하면 좋은 아이디어를 얻을 수 있을까요?**

 오랫동안 일을 하다 보면 업무 의욕이 떨어지거나 아무것도 하기 싫을 때가 있다. 이럴 때 사람들은 에너지를 충전하기 위해 잠시 여행을 떠나곤 한다. 하지만 여행은 정체 상태에 빠진 업무를 해결하는 데 별다른 도움을 주지 못한다. 정체 원인을 알아내고 업무 상태를 바꾸지 않는 이상 여행도 큰 효과를 기대하기는 어렵다.

새로운 사람을 만나라

똑같은 일이 반복되어 머리가 굳어간다고 느껴지면, 한동안 만나지 않은 사람을 만나러 떠나라! 오랫동안 만나지 않은 사람은 당신이 마주한 난관을 타파시켜줄 가능성이 높다. 매일, 매주, 매달 정기적으로 만나는 사람은 새로운 아이디어나 정보를 주지 못한다. 형성된 인간관계도 비슷하고 동일한 정보 네트워크에 소속되어 있을 가능성이 높기 때문이다.

그러나 한동안 만나지 않은 사람은 새로운 발상이나 아이디어를 들고 등장할 가능성이 많다. 자주 만나는 사람도 다르고 소속된 정보 네트워크도 다르기 때문이다. 자, 업무 의욕이 떨어지거나 아이디어가 떠오르지 않는 사람은 오늘 당장 오랫동안 만나지 않은 사람과의 저녁 약속을 잡아보자. 대화 소재를 찾다 보면 자연스럽게 뇌를 리프레시할 수 있다.

지금으로부터 15년 전, 손정의가 'A 통신회사 대표를 만날 테니 자료를 만들어 달라'는 지시를 내린 적이 있다. A 통신회사는 젊은이들을 상대로 스타일리시한 휴대 전화를 판매하는, 소위 잘나가는 업체였다. 반면에 소프트뱅크는 다음 사업을 어떻게 진행할지 고민하는 상태였다.

정확히 어떤 자료를 준비해야 할지 감이 오지 않았던 나는 손정의에게 "어떤 방향으로 자료를 준비할까요?" 하고 물었다. 그러자 손정의는 "이제 생각해봐야지."라고 답했다. 미팅을 잡고 나서야 무엇을 제안할지 고민하기 시작했던 것이다. 손정의는 우선 잘나가는 회사와 함께 사업을 하는 게 중요하다고 판단했던 것 같다. 이미 그때부터 손정의는 휴대 전화 사업에 흥미를 느끼고 있었다.

손정의와 미팅 당일까지 의논한 결과 '두 회사가 힘을 합쳐 신형 메일 서비스를 제공하자'는 제안이 나왔다. 결과적으로 A 통신 회사의 대표가 우리의 제안에 별 흥미를 보이지 않으면서 그 안은 흐지부지되었지만, 만약 그때 일이 진행되었더라면 트위터와 같은 서비스가 일본에서 처음으로 탄생했을 것이다.

과거의 자신을 만나라

오랜만에 만나는 사람은 과거 자신의 모습을 떠올리게 한다. 특히 젊었을 때 자신이 어떤 식으로 생각하고 얼마나 열정적으로 일했는지 되새길 수 있다. 과거의 자신과 현재의 자신이 어떻게 다른지 인식할 수 있다면 정체된 업무를 돌파하는 힘은 자연스레 생겨난다. '심리적 재기'란 바로 이런 현상을 일컫는다.

다시 한 번 말하지만, 한동안 만나지 않은 사람과의 만남은 엄청난 효과를 발휘한다. 일이 재미없게 느껴지거나 괜찮은 아이디어가 떠오르지 않는다면 명함첩이나 메일을 훑어보자. 왕래가 뜸했던 사람 중에 분명 지금 만나고 싶은 사람이 있을 것이다. 무슨 이야기를 나눌 건지는 차근차근 생각해도 좋다. 무슨 얘기를 나누어도 지금의 상황보다는 훨씬 나을 테니까.

> "오랫동안 만나지 않았던 사람에게 연락해서 약속을 잡고 정보를 교환한다."

손정의 결단!

손정의는 사업이 정체에 빠졌다고 생각되면 먼저 만날 사람을 정했다. 그리고 미팅을 준비하며 새로운 사업을 구상하고 아이디어를 떠올렸다.

목표를 정한 다음 필요한 걸 배운다

최고가 되려면 철저하게 한 우물만 파는 게 좋을까요?
아니면 폭넓은 지식과 시야를 가지는 게 좋을까요?

스페셜리스트(specialist)냐? 제너럴리스트(generalist)냐?

공부하는 학생이든 젊은 비즈니스 퍼슨이든 분명 한두 번은 생각해본 질문일 것이다. 요즘 대학생들은 '관련 분야의 자격증을 갖는 게 취직에 유리하지 않을까' 하는 생각으로 너도나도 학원에 다닌다. 젊은 비즈니스 퍼슨은 이보다 조금 더 적극적으로 움직인다.

동종 업계 교류 모임이나 세미나에 참가해 폭넓은 지식을 가지려고 노력한다.

'스페셜리스트냐, 제너럴리스트냐'에 대한 답은 다음과 같다.

"아무런 목적 없이 폭넓은 지식이나 시야를 가지는 건 의미가 없다. 자신이 그리는 이상적 모습, 목표를 그린 뒤 거기에 필요한 걸 배워야 한다."

생각해보자. 구직 활동에 자격증이 있으면 유리할까? 컴퓨터 자격증이 있으면 어떤 회사든 취직이 될까? 토익 점수가 높으면 내 가치가 높아질까? 이런 스펙을 쌓는 것만으로는 충분하지 않다. 면접관은 내가 왜 자격증을 따려고 했는지, 왜 높은 영어 점수를 얻으려 했는지를 궁금해한다. 스펙은 어디까지나 스펙에 불과하다. 회사에 들어간 뒤 자격증을 따도 평가가 올라가거나 승진이 더 빨라지지는 않는다.

그렇다면 어떻게 해야 취직을 하고 커리어를 쌓을 수 있을까?

당신이 성공하지 못하는 이유

내가 20대 후반이었을 때, 손정의와 다음과 같은 대화를 나눈 적이 있다.

"사람들이 성공하지 못하는 이유를 아나?"

"으음……. 잘 모르겠습니다."

"(화이트보드에 우뚝 솟은 산과 그 아래를 빙글빙글 도는 나선을 그리면서) 사람들은 올라갈 산을 정하지 않고 산기슭을 빙글빙글 돌기만 하거든. 이래서야 어떻게 정상을 올라가겠나. 먼저 자신이 올라갈 산을 정해야 돼. 그리고 그 산의 정상을 목표로 삼아 차근차근 걸어가는 거야."

이게 바로 손정의의 사고방식이다.

일을 성공시키려면 먼저 '목표'를 설정해야 한다. 소프트뱅크는 '은행이 돈을 맡기고 싶은 사람과 빌리고 싶은 사람을 연결하듯이 소프트웨어를 내보내고 싶은 사람과 받고 싶은 사람을 이어준다'는 점을 사업의 핵심으로 삼아왔다.

소프트뱅크는 신규 사업을 진행하고 기업을 인수할 때에도 이 사명에서 벗어난 적이 없다. 첫 번째 사업이었던 소프트웨어 유통이나 출판 사업, 인터넷 사업, 브로드밴드 사업, 휴대 전화 사업도 마찬가지다. 모두 일관되게 정보의 발신과 수신을 연결하는 사업이었다.

그렇다면 다양한 사업을 진행하기 위해서 손정의는 폭넓은 지식과 시야가 필요했을까?

질문을 통해 전문가 이상의 지식을 얻어라

　새로운 사업을 시도할 때 손정의는 철저히 그 사업에 관련된 공부를 한다.
　그의 공부 방식은 독특하다. 소프트뱅크가 기업 인수를 위한 자금이 필요하면, 금융 전문가인 투자 은행에 프레젠테이션을 의뢰한다. 그리고 그때 손정의는 자신이 달성하고 싶은 목표에 맞춰 독창적인 질문을 던진다. 때로는 너무 독창적이라서 전문가도 답을 하지 못할 정도다. 그는 이런 질의응답의 과정을 통해 순식간에 전문가를 능가하는 지식을 얻는다. 이는 금융 분야에만 해당하는 이야기가 아니다. 손정의는 법률, 광고, IT에 대해서도 그 분야의 프로에게 가장 새롭고 수준 높은 지식을 배웠다.
　대부분의 대기업 CEO는 그렇게까지 자신이 모든 분야를 직접 이해하려고 하지 않는다. 사내에 전문가가 있기 때문이다. 재무 분야를 다루는 부서가 따로 있고, 법률 분야를 다루는 부서도 따로 있으니 언제든 일을 맡기면 그만이다. 하지만 손정의는 다르다. 그는 담당자들의 지식수준을 능가할 정도로 세세하게 이해하려고 든다.
　손정의는 그렇게 습득한 많은 지식을 조합해서 타사가 흉내 내지 못하는 독창적인 전략을 수립한다. 그런 점에서 폭넓은 지식이나 시야는 성공을 위해서 반드시 필요하다.

손정의의 공부 방법은 자신이 하고 싶은 사업, 하고 있는 사업과 잘 맞아떨어진다. 막연하게 '재무 공부를 해볼까?', 'IT 공부를 해볼까?' 하는 식이 아니다. 그는 최신 정보를 통해 실무가 확장되는 공부를 한다. 그렇게 아주 폭넓은 시야와 지식을 확보한다.

우선 올라갈 산을 정하라

여러분에게 가장 중요한 건 '목표', 즉 올라갈 산을 정하는 일이다. 산에 대한 폭넓은 지식과 시야는 그다음에 얻으면 된다. 물론 여러분은 손정의처럼 전문가를 불러서 따로 답을 구할 형편은 안 될 것이다. 그러므로 '서점으로 달려갈 것'을 추천한다. 목표나 현재 필요한 업무에 관한 책을 사서 단숨에 공부하라. 학원에 등록하는 건 그다음 일이다.

직접 책을 통해 얻은 지식과 시야는 가치가 있다. 구직 중인 사람이라면 면접관에게 왜 그 자격증을 땄는지 자신의 목표와 관련해 명확하게 설명할 수 있다. 목표를 먼저 말하면 지원 동기나 노력 여부도 충분히 입증할 수 있다. 비즈니스 퍼슨이라면 당장 실무에서 활용할 수도 있다. 다른 사람들은 당신이 세운 기획안을 보고 당신을 특별한 존재로 생각하게 될 것이다.

정리하자면 한 우물만 철저하게 파는 건 성공을 위한 충분조건이지만, 폭넓은 지식과 시야를 갖는 건 필요조건이다. 다시 말해 목표가 분명한 사람은 반드시 폭넓은 지식과 시야를 가질 필요가 있다. 그러나 '폭넓은 지식과 시야', 그 자체가 목적이 되어서는 성공하기 어렵다.

"최고가 되려면 목표를 뒷받침할 수 있는 폭넓은 지식과 시야가 필요하다. 그 지식은 전문가에게 얻으면 된다."

손정의는 자신이 달성하고자 하는 목표에 맞춰 전문가에게 독창적인 질문을 던졌다. 그리고 그 답을 스스로 구하면서 전문 지식을 쌓았다.

롤모델을 정하고 따라 하라

**무엇을 하고 싶은지 모르겠어요.
어떻게 하면 내 꿈을 찾을 수 있을까요?**

'하고 싶은 게 없다'는 건 아주 난감한 상태다. 그래서는 어느 방향으로도 걸음을 내디딜 수 없다. 비유하자면 대평원의 한가운데서 길을 잃은 상태다. 하지만 길을 잃는 건 인생에서 종종 있는 일이다. 특히 요즘처럼 정보가 무한대로 범람하는 상태에서 하고 싶은 일을 찾기란 보통 어려운 일이 아니다.

게다가 한창 무언가에 빠져 있을 때는 '이 길이 정답이야!' 하는 확신을 갖기 어렵다. 그 대답은 결국 결과로만 판단 가능하다. 역시 사람은 회사에 들어가서 사회생활을 해봐야 자신의 적성이 무엇인지 알 수 있다.

롤모델은 누구라도 상관없다

하고 싶은 일이 없으면 어떻게 해야 할까? 우선 어느 방향으로든 걸음을 떼야 한다. 하고 싶은 일이 없으니 그마저도 쉽지는 않겠지만, 어떻게든 조금이라도 내키는 방향으로 나아가야 한다. 어느 방향을 선택해도 당장 정답을 알 수 없으니 편안한 마음으로 한 걸음 내디뎌보자.

나아갈 방향을 찾고자 하는 사람들은 먼저 롤모델을 만들기 바란다. 롤모델은 자신의 인생에서 본보기가 되는 사람이다. 직장 선배도 좋고 유명인도 좋다. 하고 싶은 일은 잘 몰라도 동경하는 사람은 떠올릴 수 있지 않을까? 비유하자면 롤모델은 멀리 보이는 산과 같다. '막연히 좋다'는 느낌도 좋고, '그 사람처럼 되고 싶다'는 열망도 상관없다. 어떻게든 그 방향으로 가서 산에 올라갈 계기만 만들면 된다.

내가 IT업계에 들어가게 된 계기는 고교 시절부터 손정의를 알았기 때문이다. 나와 구루메 대학 부설고등학교 동창이었던 호리에 다카후미(堀江 貴文, 일본의 벤처기업인 - 옮긴이) 씨도 같은 이유였을 것이다. 동급생 가운데 손정의의 남동생인 손태장이 있어서 처음부터 '도쿄에서 엄청난 일을 하는 선배가 있다'는 사실을 우리는 익히 알고 있었다.

주식회사 라이브도어(Livedoor)에서 한 세대를 풍미한 호리에(堀江) 씨나 〈퍼즐 앤드 드래건〉으로 크게 히트를 친 경호온라인엔터테인먼트(Gungho online entertainment)의 손태장 회장에게도 롤모델은 손정의였음에 틀림없다. 손정의가 없었다면 라이브도어와 〈퍼즐 앤드 드래건〉도 없었을 것이다.

손정의의 롤모델

손정의에게도 롤모델은 있다. 바로 후지타 덴(藤田田) 씨다. 일본 맥도널드 창업자인 후지타 씨는 독특한 경영 철학을 가진 것으로 알려져 있다.

손정의는 미국 유학을 떠나기 전, 후지타 씨를 찾아가 앞으로 무엇을 공부하면 좋을지 조언을 구했다. 그러자 후지타 씨는 "컴퓨터가 좋지."라고 대답했다. 그것이 손정의가 미국에서 컴퓨터를 공부하게 된 계기다. 그때 후지타 씨의 말이 소프트뱅크를 창업하는 기초가 된 셈이다.

사실 소프트뱅크는 비즈니스 모델에서 후지타 씨의 비즈니스 방식을 모방한 부분이 있다. 바로 '타임머신 경영'이다. 타임머신 경영은 해외에서 성공한 비즈니스를 일본에 도입하는 것이다. 후지타 씨는 미국에서 크게 성공한 맥도널드를 일본으로 수입했고, 현재 일본 내에는 약 3,200개의 프랜차이즈 매장이 있다.

소프트뱅크가 일본 맥도널드의 비즈니스 모델을 도입시킨 사업 분야는 야후!재팬이다. 손정의는 미국에서 인터넷 포털로 성공한 야후!의 비즈니스 모델을 일본으로 들여와 조인트 벤처(공동 기업체)로 진행했다. 그리고 미국에서 성공한 인터넷 기업들과 지속적으로 업무 협약을 맺고 도움을 받았다. 모두 후지타 씨를 롤모델로 삼아 배운 것이었다. 오늘날의 손정의와 소프트뱅크는 후지타 씨의 가르침으로부터 완성되었다고 해도 과언이 아니다.

무언가를 이루는 데 롤모델로 삼는 사람이 있다는 건 아주 중요한 의미를 지닌다. 자신이 동경하는 사람을 보고 따라 하면 조금 더 쉽게 자신의 목표에 도달할 수 있다. 또 롤모델의 인생을 살펴봄으로써 사는 데 무엇이 중요한지 파악할 수 있다. 롤모델이 추구하는 가치야말로 당신이 중요하게 여겨야 하는 것이다.

사람마다 자신이 중요하게 여기는 것은 모두 다르다. 누구는 부자가 되고 싶어 하고, 누구는 명예나 인기를 얻고 싶어 한다. 사회적으로 인정받지 못하더라도 혼자 여행을 하며 떠돌아다니는 사람이 있는가 하면, 기술 개발을 위해 인생을 헌신하는 경우도 있다. 이처럼 사람이 느끼는 가치는 상대적이다.

롤모델을 찾으면 그 사람의 가치가 무엇인지 꼼꼼하게 연구하라. 그 사람의 경력과 현재 진행하는 일이 무엇인지도 파악하라. 그 사람의 전철을 따르다 보면 어느새 당신도 누군가의 롤모델이 되어 있을 것이다.

"롤모델을 찾은 뒤, 그의 방식을 연구하고 따라한다."

손정의 결단! 손정의는 어렸을 때 일본 맥도널드 창업자 후지다 덴을 롤모델로 삼고 그의 방식을 따라했다. 그의 조언에 따라 컴퓨터를 공부하고, 타임머신 경영을 실시했다.

원대한 꿈을 위해 일하라

> **사람은 무엇을 위해 일하는 걸까요?
> 손정의 회장님은 무엇을 위해 일합니까?**

인간에게 꼭 필요한 질문이다. 하지만 그 답을 정확히 아는 사람은 많지 않은 듯하다.

소프트뱅크는 일본을 넘어 전 세계로 휴대 전화 사업을 확장하고자 한다. 이미 일본에서 최고의 위치에 오른 소프트뱅크가 왜 더 큰 리스크를 짊어지면서까지 성장하려는지 사람들은 궁금해한다.

답을 이야기하기 전에 당신이 일하는 이유는 무엇인지 생각해보라. 돈을 벌기 위해? 명예를 얻기 위해? 다른 사람에게 도움을 주고 싶어서? 그냥 좋아서? 사람이 일을 하는 이유는 지구상에 존재하는 사람의 수만큼이나 다양하다. 그러나 기업이 움직이는 이유는 분명하다. 지금부터 손정의가 일을 하는 이유가 무엇인지, 소프트뱅크의 목적은 무엇인지 살펴보자.

일을 하는 이유가 다르다

사실 지금의 손정의를 보면 왜 일하는지를 모르겠다. 그는 평생 쓰지 못할 정도로 많은 돈을 벌었고, 경영자로서 큰 명예를 얻었으며, 세상을 바꾸는 새로운 서비스도 여럿 제공하고 있다. 자는 시간을 쪼개가면서까지 일할 이유가 하나도 없다. 실제로 많은 기업가가 손정의보다 훨씬 못 미치는 곳에서 만족하고 있다.

예를 들어 어떤 기업가는 주식 공개로 자산가가 된 뒤 자본을 부동산에 투자해서 안정된 임대료로 생활한다. 또 어떤 기업가는 유명해지기 전에 은퇴해서 시골로 내려가 유유자적한 삶을 보낸다. 이런 은퇴 패턴은 특히 미국 같은 서구 사회에서 많이 나타난다.

노동관은 어떤 사상을 가졌는지에 따라 달라진다. 기독교 세계에서는 '노동은 신이 인간에게 부여한 벌'이라고 생각한다. 반면에 일본에서는 '일하는 것 자체가 인격을 수양하는 길'이라고 생각한다. 일본 제품의 품질이 다른 나라의 제품보다 높은 이유도 일을 당연하게 받아들이기 때문이다.

이 같은 노동관의 차이는 기업을 운영하는 방식에도 고스란히 적용된다. 미국 기업, 특히 IT기업은 그들이 영원히 존재하리라고 생각하지 않는다. 실제로 미국에는 수백 년 동안 같은 이름으로 운영된 기업이 존재하지 않는다. 미국의 역사가 워낙 짧기도 하지만, 그보다도 경제 논리에 따른 기업 매각을 아무렇지 않게 받아들이기 때문이다.

300년을 생각하는 소프트뱅크

손정의는 소프트뱅크를 300년 동안 이어지는 기업으로 만들고자 한다. 나는 손정의를 도와 소프트뱅크 300년 계획을 문서로 작성한 적이 있다. 종이 몇 장으로는 표현할 수 없는 매우 방대한 분량의 계획이었다.

300년 동안 지속되는 경영을 목표로 한다는 건 굉장히 '일본적'인 발상이다. 일본에는 수백 년 동안 계승된 가게가 많다. 세계에서 가장 오래된 기업도 일본 기업이다. 미야다이쿠(宮大工, 궁궐이나 사찰 등의 건축을 전문으로 하는 목수 - 옮긴이)가 578년에 창업한 곤고구미(金剛組)라는 건설 회사는 무려 역사가 1,400년이 넘는다. 다른 재벌 기업이나 종합건설사 중에도 에도 시대(1603년~1867년)에 창업한 곳이 많다.

기업이 영속성을 목표로 삼으면 자연히 사업 영역이 확대된다. 오랫동안 유지할 수 있는 기업을 생각하면 자연히 그렇게 될 수밖에 없다. 보통 한 사업의 수명은 30년이라고들 하지만, 지금은 더 짧아지는 추세다. IT업계는 길어 봐야 10년이다. 다시 말해 IT업계에서 한 가지 사업만 해서는 10년 이상 버틸 수 없다. 그 리스크를 피하기 위해서라도 기업은 다양한 신규 사업에 도전할 필요가 있다.

한편 단기적인 이익 상승만을 노린다면 성공한 하나의 비즈니스 모델을 빠르게 회전시켜야 한다. 미국 기업에서 이런 패턴이 자주 나타난다. 그들은 신규 사업에 투자하는 대신 성장과 유지에 집중해서 투자금을 최대한 회수한다. 물론 그들의 방법으로는 기업 수명을 연장시킬 수 없다.

손정의는 소프트뱅크 300년 이상 지속되는 기업으로 만들고자 한다. 그래서 늘 신규 사업을 고민하고 확대시키려 한다. 그리고 이러한 손정의의 원대한 꿈이 그가 일하게 만드는 원동력이 된다.

이 글을 읽는 여러분도 손정의처럼 평생 일할 수 있는 큰 꿈을 꾸기 바란다.

존속 가능한 기업의 조건

경영학에서는 사람이 일하는 이유를 미국 심리학자 매슬로(Abraham H. Maslow)의 욕구 단계설(needs hierarchy theory)로 설명한다. 그는 '인간의 욕구는 1단계에서부터 천천히 한 단계씩 충족된다'고 설명하였다. 다음은 매슬로가 제시한 인간의 5단계 욕구다.

1단계: 식욕이나 수면욕 등의 '생리적 욕구'
2단계: 위험에서 자신을 지키고 안정된 환경에 머무르려고 하는 '안전의 욕구'
3단계: 집단에 소속되고 싶다는 '사회적 욕구'
4단계: 사회로부터 존경받고 싶다는 '자기 존중의 욕구'
5단계: 자신의 능력을 발휘하고 싶다는 '자아실현의 욕구'

그러나 매슬로의 욕구 단계설로는 300년 이상 이어지는 기업을 만들고 싶다는 손정의의 바람을 설명하지 못한다. 특히 5단계

욕구인 '자신의 능력을 발휘하고 싶은 마음'은 300년 동안 지속되는 기업과 무관하다. 매슬로의 욕구 단계설은 도전적인 미국 경영자들에게 들어맞는 이론이다.

그런데 매슬로는 만년에 5단계를 넘어서는 6단계 이론을 만들었다. 6단계는 '자신의 에고(ego)를 넘어서 목적을 달성하는 데 집중하고, 소속된 기업이나 지역, 국가의 발전을 바라는 자아초월욕구'다. 손정의의 300년 지속 가능한 기업은 6단계로밖에 설명이 불가능하다. 그는 소프트뱅크가 사회에 큰 기여를 하기 바란다.

"사람은 자신의 에고를 넘어선 거대한 목표 달성을 추구해야 한다."

손정의 결단!

손정의는 소프트뱅크가 사회적 기여를 통해 300년 이상 지속되는 기업이 되길 바란다. 그러기 위해선 항상 새로운 사업을 고민하고 투자해야 한다. 오랜 시간 지속하는 기업을 만들고자 하는 바람이 바로 손정의가 일하는 원동력이다.

2장

결단의 방정식
싸우기 전에 이긴다

첫 번째 선택이 중요하다

> 벤처기업에 입사해서 능력을 발휘하는 게 좋을까요?
> 아니면 경험과 인맥을 쌓기 위해 대기업에
> 취직하는 게 좋을까요?

나는 미쓰비시지쇼(三菱地所, 일본 미쓰비시 그룹 계열의 부동산 회사 - 옮긴이)라는 대기업과 소프트뱅크라는 신생 기업에서 근무한 경험이 있다. 그 사실을 잘 아는 학생들이 진로 상담을 받고자 나를 찾아오는데, 가장 많이 하는 질문은 다음과 같다.

"학생 때 이미 창업을 했는데, 그래도 취직하는 게 좋을까요?"

"대기업에 취직해 경험을 쌓은 다음에 창업하는 게 좋을까요? 아니면 바로 창업을 하는 게 좋을까요?"

"아르바이트를 하는 벤처기업에서 입사를 권하는데 이대로 취직해도 될까요?"

그러면 나는 이렇게 답한다.

"가능하다면 창업한 회사를 계속 경영하는 게 좋다."

"추진력 있는 벤처기업에서 당신을 필요로 한다면 취직하는 게 좋다."

"이도 저도 아니라면 대기업에 가는 게 유리하다."

차라리 대기업에 취직해라

이도 저도 아닌 이들에게 대기업 취직을 권하는 이유는 간단하다. 기본적으로 대기업은 수많은 '보통 사람들'로 일이 진행되는 조직이다. 대기업에서는 한 사람이 계속해서 같은 업무를 담당하지 않는다. 관청이나 은행은 주기적으로 부서를 이동시키고, 일부러 생소한 일을 시키기도 한다.

이렇게 보직을 돌리는 가장 큰 이유는 관행으로 인한 부정을 막기 위함이지만, 그만큼 개인의 능력에 의존하지 않는 까닭도 크다. 극단적으로 말해 시스템만 잘 따르면 누가 하든 동일한 결과가 나오므로 개인의 특수한 능력은 필요 없다는 것이다. '조직 전체가 힘을 발휘한다'는 일본 대기업의 특징은 회사 브랜드파워나 비즈니스 모델이 이미 완성되어 있기에 가능한 일이다.

그렇다면 벤처기업은 어떠한가? 벤처기업은 대기업처럼 시스템이 갖추어져 있지 않기 때문에 사원 개개인의 능력이 매우 중요하다. 특히 직접 벤처기업을 창업하는 경우 회사 운명이 본인의 능력에 의해 좌지우지될 가능성이 높다. 그러므로 승산이 없으면 무리해서 창업하지 않는 편이 좋다.

벤처 기업은 회사 브랜드파워나 상품 인지도, 비즈니스 모델이 대기업에 비해 빈약할 수밖에 없다. 뛰어난 기술을 가졌지만 체력이 부족해 업무 지원 능력이 떨어지고, 그만큼 많은 리스크에 노출될 가능성도 높다. 이럴 경우 벤처기업의 영업맨은 고객에게 '상품 운용 방법'까지 자세히 설명해야 한다. 그만큼 폭넓은 지식과 경험이 필요하다는 얘기다.

이런 상황에서 대졸 신입 직원이 성공할 수 있을지의 여부는 장담하기 어렵다. 자사 상품뿐만 아니라 경쟁 업체의 상품과 업계 정보도 알아야 하는데, 누가 신입 직원에게 그런 걸 가르쳐주겠는가? 또 고객의 니즈를 파악하는 능력은 어떻게 기른단 말인가? 이런 점을 고려하면 대기업에서 경험을 쌓는 편이 훨씬 성공 확률이 높다.

벤처기업에서 성공하기

대부분 벤처기업은 특정 분야에서 매우 우수한 기술력을 자랑한다. 아니면 새로운 비즈니스 모델을 제시해 선구적인 포지션을 취한다. 이 두 가지 가운데 하나도 충족을 시키지 못했다면 아예 벤처기업으로 출발도 하지 않았을 것이다.

이런 벤처기업에서 성공하려면 객관적으로 자신의 위치를 파악할 수 있어야 한다. 자신이 벤처기업에서 아르바이트를 하는데 정규 직원들과 똑같은 업무를 맡고 있다면 그 회사에 취직해도 좋다. 다른 직원들보다 더 좋은 성과를 내고, 수년 뒤 리더 역할까지 맡을 자신이 있다면 반드시 남아라. 전공 기술을 충분히 살릴 수 있는 경우에도 남아 있기를 추천한다.

방금 내가 한 말을 역으로 생각해보라. 젊었을 때 자신이 입사를 희망하는 벤처기업에서 아르바이트를 해보는 것도 나쁘지 않다는 뜻이다. 비슷한 업계에서 창업을 희망하는 학생도 마찬가지다. 미리 자신의 적성을 파악하고 업계 동향도 살필 수 있다. 특히 벤처기업의 창업자에게 꼭 필요한 '기존의 틀에 얽매이지 않는 업무 방식'을 배울 수 있다.

그러나 처음부터 대기업에 취직하길 원했던 사람이라면 대안으로 벤처기업 창업이나 취직을 고민하지 마라. 솔직히 이런 사람은 벤처기업 사원이 되건 창업자가 되건 크게 성공하기 어렵다. 그냥 대기업 취직 준비에만 집중하는 편이 본인을 위해 좋다.

무에서 유를 창조하는 일은 어렵다

앞서 언급했지만 손정의의 명언 중에 "싸우기 전에 이긴다."라는 말이 있다. 싸우기 전부터 당연히 이긴다는 생각으로 전략을 짜고 상품력을 높인다는 뜻이다. 예를 들면 새로운 사업을 개시할 때 미국의 1위 기업과 제휴해 조인트 벤처를 만드는 방식이다. 대표적인 성공 사례로 야후!재팬이 있다.

손정의는 미국 내 유력 벤처 상품이었던 야후!를 수입해 야후!재팬을 시작했다. 그때 이미 야후!는 미국 넘버원이라는 브랜드파워와 안정된 비즈니스 모델을 구축하고 있었다. 손정의 정도의 거물도 완전한 무(無)에서 유(有)를 창조하는 일은 어렵다. 일반적으로는 조인트 벤처나 기업 인수로 시작한다. 그만큼 새로운 사업은 리스크가 크기 때문이다.

하지만 겁부터 먹지는 마라. 여러분에게는 손정의라는 성공적인 비즈니스 모델이 있다. 손정의처럼 정확한 판단 능력과 식지 않는 열정을 가진다면 언제나 기회를 마주할 수 있다.

"어디서 성공이 가능한지 생각한다."

손정의 결단!

손정의는 고등학교를 그만두고 미국 유학을 가서 스스로 자금을 마련해 창업했다. 하지만 그런 그도 아무것도 없는 상태에서 일을 하기는 어렵다는 사실을 알았다. 그래서 기존에 성공한 비즈니스 모델을 적절한 시기에 도입했다.

철수 시점을 정한 뒤 시작하라

> 어려운 일은 빨리 포기하고 대안을 찾는 게 좋을까요, 끝까지 포기하지 않고 밀고 나가는 편이 좋을까요?

'언제 포기하는 게 좋을까?' 하는 고민은 사업뿐만 아니라, 연애, 투자 등 모든 상황에서 발생한다. 계속하느냐, 마느냐? 그만둔다면 시기는 언제가 좋을까? 누구도 이런 고민으로부터 자유로울 수는 없다. 손정의 역시 마찬가지다.

소프트뱅크는 프로젝트를 진행하면서 수없이 많은 실패를 겪었다. 대형 투자나 기업 인수도 여러 번 실패했다. 그때마다 주가가 떨어지고 언론도 등을 돌렸다.

소프트뱅크도 다른 대기업과 마찬가지로 일정 기간 흑자를 유지하지 못하면 포기를 결정한다. 사람들의 투자금을 바탕으로 끊임없이 이윤을 창출해야 하는 기업이기에 자본의 논리에서 자유로울 수 없다. 그러나 소프트뱅크의 '포기'는 보통 사람들이 생각하는 '포기'와 개념이 다르다. 아니, 엄밀히 말해 소프트뱅크에는 '포기'라는 말이 존재하지 않는다.

먼저 철수 기준을 정한다

사업 철수 기준은 왜 필요할까? 그건 사업을 포기할 시기를 판단하기 어렵기 때문이다. 단순히 투자 자금을 회수하고 못하고의 문제가 아니다. 하나의 사업을 포기할 때에는 사원들의 열정과 시간, 거래처의 존망, 시장 영향 등을 두루 고려해야 한다. 그런 점들을 일일이 생각하면 사업 포기를 결단하기가 쉽지 않다. 사업을 포기하는 건 살을 베어내고 뼈를 깎는 극심한 고통을 동반하는 일이다. 오늘날 존경받는 경영자들은 모두 이런 고통을 이겨낸 사람들이다.

빠른 이해를 위해 합격률이 낮은 사법고시를 떠올려보자. 한 번 사법고시에 도전한 사람들은 친구들이 사회에서 활약하는 모습을 보면서도 그동안 들인 시간이 아까워 쉽게 공부를 포기하지 못한다. 그야말로 죽을 각오로 도전한다.

하지만 사법고시가 어떤 시험인가? 아무리 머리가 좋은 사람도 재수 삼수는 기본으로 여기는 시험이다. 사법고시를 단번에 통과한 사람은 실력이 뛰어났다기보다 운이 좋았다고 말하는 게 더 적합할 것이다.

그런데 재미있는 건 합격하지 못한 사람들은 운이 나빴다거나, 컨디션이 안 좋았다는 등의 이유를 필사적으로 찾아낸다는 사실이다. 그들은 그렇게 결과를 합리화시킨 다음 다시 고시 준비에 엄청난 시간을 투자한다. 개인적으로나 사회적으로나 정말 안타까운 노릇이다. 아마 이들이 조금 더 현명했더라면 적절한 철수 기준을 미리 정해놓고 도전하지 않았을까.

포기는 성공을 위한 포석이다

그렇다면 상황이 여의치 않을 경우 일찌감치 포기하는 게 여러모로 나은 일일까? 소프트뱅크는 이익이 아니라고 판단되면 무슨 일이든 빠르게 포기했을까?

그 대답은 당연히 'NO!'다. 포기가 빠른 사업가가 성공할 리 만무하고, 개인도 포기가 빨라서는 어느 집단에서든 성공하지 못한다.

소프트뱅크의 역사를 돌이켜보면 집요할 정도로 같은 테마에 도전하고 있다는 사실을 알 수 있다. 그중 하나가 통신 사업이다. 소프트뱅크는 야후!BB로 알려진 브로드밴드 사업 이전에도 여러 차례 통신 사업에 도전했다가 실패를 맛보았다.

저렴한 가격에 인터넷 서비스를 제공하기도 하고, 미국이나 일본의 대기업과 무선 인터넷 조인트 벤처를 진행하기도 했으며, 미일 간 해저 케이블 사업에 거금을 투자하기도 했다. 그러나 이 사업들은 수년의 고투 끝에 모두 실패하고 헐값에 정리되었다. 정말이지 비참한 성적이었다. 오늘날 세계 최대 규모의 매출을 자랑하는 소프트뱅크 통신 사업은 거듭된 실패 끝에 얻은 값진 결과물인 셈이다.

이렇게 포기를 모르는 집념은 소프트뱅크가 30년 넘게 성장할 수 있었던 원동력이다. 손정의는 신규 사업을 성공시키기 위해 비즈니스 플랜을 수없이 작성하고, 잠도 안 자면서 일했다. 그러나 아무리 노력해도 실패할 때가 있었다. 그럴 때에는 과감하게 철수 기준에 따라서 뒤로 물러섰다. 물론 이때의 철수는 포기를 의미하지 않는다. 손정의는 실패를 새로운 각도에서 재도전하기 위한 발판으로 삼았다. 거듭된 실패에도 불구하고 사람들이 소프트뱅크를 신뢰하는 까닭이다.

"성과가 나오지 않으면 일단 철수한 뒤 접근 방법을 바꿔서 다시 시도한다."

손정의 결단! 손정의는 통신 사업에 참여했다가 철수하기를 수차례 반복했다. 그러나 포기하지 않고 기회를 모색한 결과 지금의 휴대 전화 사업을 이룩할 수 있었다.

확실한 비즈니스 플랜이 있으면 돈은 알아서 따라온다

> **장차 사업을 하고 싶습니다.
> 충분한 종잣돈이 생길 때까지 기다리는 게 좋을까요?**

이 질문에 대한 답은 손정의가 평소에 하는 말로 대신하겠다.
"돈은 하늘에서 떨어진다."
손정의는 돈의 본질을 '하늘 아래 돌고 도는 것'이라고 규정했다. 손정의의 비즈니스 방식을 보면 무슨 말인지 이해될 것이다.

손정의는 소프트뱅크 창업 자금을 마련하기 위해 휴대형 번역기를 만들었다. 그 휴대형 번역기를 일본의 가전업체 샤프(Sharp)에 넘기고 얻은 1억 엔이 사업을 개시하기 위한 첫 자금이 되었다. 주식을 장외 시장에 공개한 직후에는 5,000억 엔을 조달해서 벤처기업 투자나 기업 인수 자금으로 활용했다. 최근에는 보다폰과 스프린트를 인수하기 위해 각각 1조 엔이 넘는 자금을 조달했다.

이처럼 손정의는 외부 자금을 조달하는 일에 매우 뛰어난 수완을 발휘했다. 일반적으로 빚이라고 하면 '마이너스'로 생각하기 쉽지만, 손정의의 생각은 다르다. 오히려 빚을 질 수 있다는 건 그만큼 회사가 높은 평가를 받고 있으며, 사람들이 안심하고 돈을 맡긴다는 뜻이다.

성과가 없는 게 플러스다

은행의 구조를 생각하면 손정의의 생각이 이해된다. 은행은 사람들로부터 예금이라는 명목으로 돈을 모은다. 은행에 있는 돈은 대부분 고객의 것이지만, 사람들은 은행이 예금을 모으는 걸 마이너스나 나쁜 일이라고 생각하지 않는다. 오히려 은행은 행원에게 예금 할당량을 주고 돈을 끌어모을 정도다. 예금 규모가 크다는 건 그만큼 은행의 신용도가 높다는 증거이기 때문이다. 돈을 맡아 이자를 붙여서 돌려준다는 점에서 보면 은행이나 기업이나 다를 바 없다.

다시 말하지만 손정의는 돈을 '사람들 사이를 돌고 도는 것', '하늘에서 떨어지는 것'이라고 생각한다. 그러면 창업 자금이 없을 때는 어떻게 해야 할까?

창업하고자 하는 사람은 따로 돈을 모을 필요가 없다. 최근에는 공적 융자 제도가 발달하여 비즈니스 플랜만 확실하면 어디서든 쉽게 대출받을 수 있다. 오히려 창업 후보다 창업 전이 대출받기 쉬울 정도다. 창업을 한 뒤에는 사업 실적과 재무 현황을 바탕으로 대출받을 수 있는 자금 규모가 정해진다. 사업을 크게 하면 할수록 은행의 심사는 까다로워진다. 하지만 창업 전에는 그 가능성만으로도 충분히 대출 규모를 늘릴 수 있다.

확실한 비즈니스 플랜을 가진 사람은 엔젤 투자자와 같은 부유층을 만날 확률도 높다. 그들은 소정의 성과만 보여도 크게 만족하며 투자를 결정한다. 그리고 일이 더디게 진행되어도 심하게 재촉하지 않는다.

창업 자금을 마련하겠다고 죽어라 돈을 모으는 건 미련한 일이다. 손정의 말대로 돈은 정말 하늘에서 떨어진다. 그러니 일만 하지 말고 성공이 확실한 비즈니스 플랜을 세워라.

자금은 유망한 투자 대상을 찾고 있다

과거에는 종잣돈을 모은 뒤 돈이 될 만한 사업을 골라서 창업하는 일이 많았다. 하지만 욕구가 전문화되고 다양해진 현대 사회에서는 노력만으로 성공할 수 없다. 기회를 잡고 싶은 사람은 자금 조달이 가능한 혁신적인 비즈니스 플랜을 세우고 경험을 쌓아 해당 분야에 이름을 떨쳐야 한다.

자금 조달에 성공해서 사업을 확장한 실례를 살펴보자.

내가 사외 감사로 근무하는 회사 중에는 빅데이터(big data)[*]를 분석해서 최적화된 인터넷 광고를 제안하는 사이지니아(Scigineer)라는 곳이 있다. 인터넷 쇼핑몰을 이용하면서 '당신에게 이 상품을 추천합니다' 하고 뜨는 광고 배너를 본 적이 있을 것이다. 이 배너는 아무렇게나 뜨는 게 아니다. 당신의 과거 구매 내역이나 열람 이력을 컴퓨터가 분석해서 관심을 가질 만한 상품을 보여주는 것이다. 단골 가게에서 자신의 취미나 기호에 맞는 상품을 점원이 기억하고 있다가 권해주는 것과 같은 이치다. 인터넷 사용자가 늘어나는 만큼 사이지니아는 앞으로 성장 가능성이 높은 회사로 주목받고 있다.

---

[*] **빅데이터** 누군가 따로 목적을 두고 저장하거나 분석하지 않았던 방대한 분량의 데이터.

사이지니아를 창업한 요시이 신이치로(吉井伸一郎) 사장은 원래 홋카이도 대학의 부교수였으며, 그전에는 소프트뱅크의 브로드밴드 사업부에서 기술 개발을 담당하였다. 그 당시 요시이 사장은 손정의로부터 직접 지시를 받아 통신 규격을 논의하는 국제회의에 참석하기도 했다.

요시이 사장는 젊었을 때 대학에서 연구를 하며 '언제가 창업하고 싶다'는 꿈을 꾸었다고 했다. 그래서 먼저 기업 문화를 파악하기 위해 소프트뱅크에 입사했고, 다시 대학 연구실로 돌아가 빅데이터 분석 기술을 연구하면서 학생들을 지도했다. 그때 가르쳤던 학생 중 몇 명은 지금 사이지니아에서 일하고 있다.

요시이 사장은 대학교수를 그만두고 사이지니아를 설립한 뒤 나를 찾아와 비즈니스의 방향성에 대해 논의하였다. 그 당시 나는 벤처기업 투자에 관심을 보이던 미쓰비시 상사에 사이지니아를 소개했고, 사업은 본격적인 궤도를 달리기 시작했다.

처음에 사람들은 사이지니아의 기술을 이해하지 못했다. 더 나은 기술을 가지고 있음에도 불구하고 인정을 받지 못해 해외 경쟁사에게 일본 시장을 빼앗기기도 했다. 하지만 지속적으로 자금이 투입되자 여기저기서 사이지니아를 찾는 기업이 늘어났다. 몇 년 뒤에는 미국 벤처 캐피탈로부터 수억 엔을 조달받았고, 미국 내 기술 전문 잡지에서 유망 벤처기업으로 선정되어 상을 받기도 했다.

지속적인 자금 조달이 없었다면 불가능한 일이었다. 그리고 그 바탕에는 미래가 확실한 비즈니스 플랜, 즉 남들과 차별한 특별한 기술력이 있었다.

손정의 말대로 돈은 하늘 아래에서 돌고 도는 것이다. 돈이 모이기를 기다리지 말고, 돈이 떨어지는 비즈니스 플랜과 경험, 신뢰를 쌓는 게 중요하다.

"반드시 성공하는 비즈니스 플랜이라면 돈은 모이게 마련이다."

손정의는 빚을 '마이너스'라 생각하지 않고 사람들의 '신용'이라고 생각했다. 그래서 확실한 비즈니스 플랜을 세운 뒤 적극적으로 돈을 조달해서 투자했다.

실패해도 포기할 수 없는
비즈니스가 기업을 구한다

**앞으로 창업을 하려면 어떤 분야를
공략하는 게 좋을까요?**

간혹 창업을 결심한 사람이 "구체적으로 어떤 사업을 하면 좋을까요?" 하고 묻는다. 그러나 그 말에 대답을 하기는 어렵다. 솔직히 말해 강연회에서 그런 질문을 받으면 참 곤란하다. 구체적인 사업을 하나 콕 집어서 말할 수 없기 때문이다. 손정의라도 이런 질문에 시원하게 답하기는 어렵다.

창업은 개개인이 자신의 생각에 따라 인생을 걸고 하는 것이다. "어떤 사업을 하면 될까?"라는 질문은 "누구와 결혼을 하면 좋을까?"와 동일하다. 나는 사람들에게 "이 사람과 결혼하면 행복해집니다." 하고 말할 수 없다.

설령 결혼 상대의 수입이 많고 고학력에 외모가 뛰어나도 서로의 성격이 맞지 않으면 결혼 생활은 행복하지 않다. 창업 또한 마지막 결정은 창업자 본인의 선택이다. 하지만 손정의의 사업 선택 기준을 참고할 수는 있을 것이다.

사업을 진행하는 세 가지 기준

손정의가 사업을 선택할 때 적용하는 기준은 다음과 같다.

첫째, 플랫폼이 되는 사업
둘째, 넘버원이 가능한 사업
셋째, 이미 성공이 증명된 사업

'플랫폼이 되는 사업'은 사회 기반이 될 수 있는 일을 말한다.

판매자와 구매자를 이어주는 야후!옥션이 이 사업의 가장 적절한 예다. 일단 안정적인 플랫폼이 확립되면 판매를 원하는 사람과 구매를 원하는 사람이 모여들어 자연스레 성공할 수 있다.

창업 초기에 컴퓨터용 소프트웨어를 유통했던 비즈니스도 판매자와 구매자를 유통하는 플랫폼 사업이었다. 나아가 오늘날의 휴대 전화 사업도 대화를 원하는 사람들을 서로 연결하는 플랫폼이다. 이처럼 사회에 없어서는 안 될 사업은 실패할 확률이 낮다.

'넘버원이 가능한 사업'은 특정 분야에서 압도적인 영향력을 발휘할 수 있는 일을 말한다. 특정 분야에서 넘버원이 되려면 우선 창업자 자신이 능력도 뛰어나야 하고, 회사도 체력을 갖추고 있어야 한다.

소프트뱅크는 소프트웨어 유통, 인터넷 사업, 브로드밴드 사업 등 그때그때 회사의 체력으로 넘버원이 가능한 사업을 진행해왔다. 만약 10년 전 브로드밴드 사업과 휴대 전화 사업을 함께 시작했다면 사람들의 신뢰도 얻지 못하고, 자금 조달도 불가능했을 것이다. 오늘날 휴대 전화 사업을 뒷받침할 수 있는 체력의 바탕에는 시기 적절하게 넘버원 사업을 진행해온 손정의의 결단이 있었다.

마지막으로 '이미 성공이 증명된 사업'은 비즈니스 모델이 확립된 일을 말한다. 손정의는 미국에서 성공한 벤처기업과 조인트를 하거나 수익 모델이 확실한 기업을 인수해왔다. 무에서 유를 창조한 건 창업 당시 진행했던 소프트웨어 유통 사업과 '제2의 창업'이라고 불리는 브로드밴드 사업뿐이다.

어떤 사업이든 성공 확률은 낮다

손정의는 견실한 사업 선택 기준을 가지고 있지만, 그렇다고 해서 그가 실패를 하지 않는 것은 아니다. 그가 오늘날의 소프트뱅크를 만들 수 있었던 바탕에는 수없이 실패했던 쓰라린 경험이 자리하고 있다.

손정의가 투자했다가 실패한 사업은 셀 수 없을 정도로 많다. 대표적으로 해외 케이블 텔레비전 회사에 출자했다가 실패했고, 미일 간의 해저 케이블 사업에도 출자했다가 또 실패하였다. 일본 기업과 조인트 벤처를 시작해서 인터넷 서비스를 제공하였다가 철수했으며, 무선 인터넷 회사를 설립했다가 막대한 손해를 보기도 했다. 1990년대 말에는 수많은 조인트 벤처 기업을 세웠는데 스마트폰 게임을 개발하는 겅호온라인엔터테인먼트를 제외하고는 대개 실패로 돌아갔다. 지금은 막강한 파워를 자랑하는 휴대 전화 사업도 실패를 거듭한 끝에 정착된 것이다.

이처럼 손정의도 수많은 사업에서 좌절을 경험했다. 손정의가 투자를 결심했다고 해서 반드시 성공한다는 보장은 없다. 어떤 의미에서 사업 실패는 손정의에게 당연한 일이며 예측 가능한 범위의 일이다. 손정의의 사업 방식을 설명할 수 있는 매우 적절한 말이 있다.

'개구리처럼 알을 수천 개 낳아도 어른이 되는 개구리는 고작 몇 마리다.'

어떤 사업이든 성공 확률이 낮다는 사실은 손정의도 알고 있다. 다만 확률을 조금이라도 끌어올리기 위해 '플랫폼이 되는 사업', '넘버원이 가능한 사업', '이미 성공이 증명된 사업'이라는 기준에서 사업을 선택할 뿐이다. 기업은 손해를 감수하고서라도 신규 사업에 도전해야 성장할 수 있다. 특히 IT업계는 기술 혁신이 치열하기 때문에 신규 사업을 전개하지 않으면 순식간에 쇠퇴한다.

실제로 지난 10년 동안 신흥 IT기업으로 이름을 떨쳤다가 불과 수년 만에 사라진 회사가 많다. IT업계에서 살아남으려면 늘 새로운 성장 모델을 창출해야 한다. 소프트뱅크가 성장을 지속할 수 있었던 건 실패를 전제로 하면서도 사업 하나하나의 성공 확률을 끌어올려서 도전했기 때문이다.

사업을 하고 싶다면 아무리 실패해도 평생 도전할 수 있는, 가치 있는 것을 찾아라. 사실 손정의가 사업을 결정하는 세 가지 기준보다도 더 상위에 있는 기준은 소프트뱅크의 기업 이념, 즉 '정보

혁명을 통해 인간의 지혜를 공유하고 세계에 공헌한다'는 것이다. 이렇게 확실한 이념을 가지고 있기에 손정의와 소프트뱅크는 몇 번을 넘어져도 다시 일어날 수 있다. 이념 없이 운 좋게 성공한 기업은 영원히 존속할 수 없다.

"실패해도 평생 도전할 만한 가치가 있는 일을 찾는다."

손정의는 '플랫폼이 되는 사업,' '넘버원이 가능한 사업,' '이미 성공이 증명된 사업'이라는 기준에 맞춰 진행할 사업을 선택한다. 실패해도 '정보 혁명을 통해 인간의 지혜를 공유하고 세계에 공헌한다'는 이념을 바탕으로 굳건하게 일어선다.

사서 고생하는 용기가 필요하다

> 집안 사업을 물려받는 게 좋을까요?
> 아니면 취직해서 다른 길을 찾아보는 게 좋을까요?

이런 질문을 받으면 손정의의 어릴 적 일화가 떠오른다.

손정의의 아버지가 찻집을 차렸는데, 골목 안쪽에 위치해서 손님이 별로 없었다. 손정의의 아버지는 어린 아들을 앉혀 놓고 이렇게 물었다.

"정의야, 손님이 없으니 이를 어쩌면 좋을까?"

그러자 손정의는 이렇게 답했다.

"공짜 커피 쿠폰을 한 장씩 나누어 주면 좋을 것 같아요."

손정의의 아버지는 아들의 말에 따라 사람들에게 무료 커피 쿠폰을 나누어 주었다. 그러자 손님이 늘어서 금방 가게가 가득 찼다. 사실 무료로 커피를 제공하면 적자가 날 줄 알았는데 그렇지 않았다. 꽤 많은 손님이 무료 커피뿐만 아니라 모닝 세트 등의 유료 상품도 같이 주문하였기 때문이다. 그 결과 찻집 경영은 적자에서 흑자로 돌아섰다.

어려서부터 배워라

내게 상담받는 사람들은 대개 부모의 사업을 부담스러운 짐으로 생각한다. 최근에는 경쟁해야 할 자영업자가 늘어나면서 이런 경향이 심해지고 있다. 그들은 요즘 경기가 신통치 않은데 마음고생하느니 월급쟁이로 사는 게 좋을 것 같다고 말한다. 그럴 때마다 나는 손정의의 일화를 떠올리면서 상담받는 이에게 "사업하는 가정에서 태어난 건 행운입니다."라고 말한다.

부모가 사업하는 모습을 가까이에서 볼 수 있다는 건 어렸을 때부터 비즈니스 감각을 체득할 수 있는 소중한 기회다. 현재 소프트뱅크 사외 임원을 맡고 있는 유니클로(Uniqlo)의 야나이 다다시(柳井正) 사장도 의류용품점을 운영하는 부모의 밑에서 자랐다. 이미 성공한 경영자들을 보면 이처럼 부모가 작은 사업을 하거나 하다못해 장사를 한 경우가 많다.

참고로 손정의로부터 공짜 커피 일화를 들은 건 소프트뱅크 브로드밴드 사업 초기 3개월 동안 인터넷 무료 사용 이벤트를 벌였을 때다. 이처럼 소프트뱅크 통신 사업이 대대적인 성공을 거둘 수 있었던 이유 가운데 하나는 손정의가 초등학생 시절에 이미 경영자로서의 경험을 겪었기 때문이었다.

한 번쯤은 사서 고생해라

사업을 물려받는 것도 좋지만 그 전에 한 번은 회사 생활을 해보길 권한다. 사회생활을 하지 않고 사업을 물려받으면 세상 풍파를 모르는 '온실 속의 화초'가 될 가능성이 높다. 보통 사장 아들이라고 하면 사람들은 함부로 대하지 않고 기분을 맞춰주기에 바쁘다. 이게 반복되면 경영자의 입장에 섰을 때 회사 업무를 이해하지 못해 판단에 문제가 생길 수 있다. 함께 일하는 사람들의 진심과 거짓을 구분하기 위해서라도 한 번쯤은 만만치 않은 회사에서 일해보는 게 좋다.

특히 물려받을 사업과 관련이 없고, 업계가 달라도 급성장하는 회사에서 일하는 게 좋다. 실제로 오래전 유명 기업가 2세가 소프트뱅크에서 다른 직원들과 평범하게 어울리며 일을 한 적이 있다. 그가 소프트뱅크에서 일했던 이유 중에는 급성장하는 소프트뱅크의 경영술을 배우려는 의도도 있었겠지만, 무엇보다도 다른 사람 밑에서 일하는 직원들의 심정을 이해하고 사람들 속에 섞이는 방법을 배우려는 마음이 컸을 것이다.

만약 당신이 이미 직장 생활을 하고 있다면 '물려받느냐, 마느냐' 결론을 내기 전에 조금이라도 경영에 관여해보기를 권한다. 직원에게 직접 업무를 지시하면 혼란을 야기할 수 있으니 사업 현황을 파악해서 부모에게 조언하는 정도로 시작하자. 어떻게든 조금이라도 경영 감각을 익히면 된다. 자신이라면 어떻게 경영할지 생각할 기회를 만들어보자.

비즈니스 모델을 전환하라

반드시 부모의 비즈니스 모델을 유지할 필요는 없다. 유니클로의 야나이 다다시 사장도 청바지 등을 판매하는 평범한 캐주얼 의

류점에서 해외에 우수하고 저렴한 제조 공장을 지닌 제조형 소매업으로 사업을 전환했다.

회사의 사업 수명은 일반적으로 30년이다. 그러나 그 수명은 점점 짧아질 것이다. 아무리 부모가 물려주신 사업이라도 시대가 달라지면 새로운 비즈니스 모델로 전환해야 한다. 그러면 어떤 이는 또 이렇게 묻는다.

"오랫동안 함께해온 직원도 있고 거래처와의 관계도 있는데, 과연 사업 전환이 가능할까요?"

조직 풍토나 경영 방침을 갑자기 바꾸는 건 결코 쉬운 일이 아니다. 대기업도 마찬가지다. 그리고 사실은 비즈니스 모델 전환에 가장 많이 반대하는 사람이 부모다. 자식이 사업을 물려받은 뒤에도 부모가 회장 자리에 앉고, 아들이 사장이 되는 경우가 많다. 경영 방침을 조율하려면 사업을 물려받기 전부터 부모를 설득해야 한다.

그래도 창업하는 것보다는 사업을 물려받는 게 생존에 압도적으로 유리하다. 물려받는 사업에는 우선 이미 실력이 검증된 직원들이 있고, 친숙한 관계의 거래처도 있으며, 오랜 세월 만들어온 브랜드파워도 있다. 아무것도 없는 상태에서 시작하는 고생과 비교하면 사업을 전환하는 수고는 비할 바가 못 된다.

물론 자신이 사업과 전혀 관계없는 일을 하고 싶다면 억지로 승계할 필요는 없다. 손정의처럼 부모와 다른 분야에서 자신의 길을 개척하면 된다. 이때 현실적으로 중요한 건 부모를 설득할 수 있는 확고한 인생관과 비즈니스 플랜을 가지고 있어야 한다는 점이다. 비즈니스 플랜만 확실하면 무엇을 하든 성공은 보장된 셈이다.

"사업을 물려받되 그 전에 사회생활을 경험한다."

손정의는 처음 브로드밴드 사업을 시작하면서, 아버지의 가게 운영을 도왔던 기억을 떠올렸다. 그는 그때의 경험을 바탕으로 3개월 동안 인터넷 무료 사용 이벤트를 펼쳤고, 그 결과 가입자가 급증했다.

3장

실전 업무술
업무 고민은 업무로 해결한다

일을 미루는 순간 끝이다

> **일이 제자리걸음입니다. 밤에 잠도 안 와요.
> 어떻게 해야 할까요?**

직장 생활을 하다 보면 누구나 한 번쯤 품을 수밖에 없는 고민이다. 일이 잘 안 풀릴 때 당신은 무엇을 하는가?

초창기의 소프트뱅크 사원들은 '일 고민은 일로만 해결 가능하다'는 손정의의 말대로 금방이라도 죽을 듯이 일에 매달렸다. 하지만 지금은 소프트뱅크도 대기업이 되었기 때문에 군대 같은 분위기로 일하지는 않는 것 같다. 아는 직원들에게 물어보니 요즘은 야근을 거의 하지 않고 일을 하면서도 여유를 가질 수 있다고 한다.

IT버블이 붕괴하고 브로드밴드 사업을 시작하기 전까지 4년이 넘는 시간 동안 손정의와 직원들은 막차가 끊길 때까지 일하는 것을 당연하게 여겼다. 소프트뱅크 본사 앞에 있는 비즈니스호텔은 항상 소프트뱅크 직원들로 만실이었다. 소프트뱅크 때문에 200미터 정도 떨어진 곳에 그 비즈니스호텔이 분점을 냈을 정도다.

그 무렵에는 나도 사흘 동안 잠을 자지 않고 일하곤 했다. 낮에는 평소대로 본부장의 업무를 보고, 밤에는 변호사와 함께 밤을 새우며 자회사의 매각 협상을 진행했다. 낮에 졸음이 쏟아져 견딜 수 없으면 회의실 구석에서 잠깐씩 눈을 붙이곤 했다. '일 고민은 일로만 해결 가능하다'는 말은 그 무렵 생겨난 것이다.

'오늘 가능한 일'은 오늘 모두 끝낸다

앞의 질문에 대해 생각해보자. 이런 고민은 구체적으로 어떤 상황에서 생길까? 영업 성적이 오르지 않거나, 노르마(norma)*를 달

---

* **노르마** 개인이나 공장에 할당된 노동이나 생산의 최저 기준량. 또는 각 개인에게 부과된 노동량.

성하지 못했을 때를 이야기하면 모두 공감할 수 있을까? 이럴 땐 잠자리에 들어도 안 좋은 일만 떠올라서 잠을 잘 수 없다. 자려고 하면 할수록 정신만 맑아진다.

어차피 잘 수 없다면 차라리 침대 밖으로 나오는 편이 낫다. 눈을 감고 있어 봤자 최악의 경우만 상상되어 부정적인 마음이 강해질 뿐이다. 오히려 다시 일을 시작해서 고민의 근원을 해결하는 편이 낫다. 이게 바로 손정의가 주장한 '일 고민은 일로만 해결 가능하다'는 말의 뜻이다.

업무는 '오늘 해결 가능한 일'과 '내일 이후에만 해결 가능한 일'을 명확하게 구분해야 한다. 모든 업무는 반드시 '오늘 가능한 일'과 '내일 이후에만 가능한 일'로 나뉜다.

먼저 A4 종이 가운데에 선을 긋고 각각 '오늘 가능한 일'과 '내일 이후 가능한 일'을 적는 공간으로 나눈다. 그리고 차근차근 목록을 채운다. 예를 들어 '기존 고객 리스트 재정리'는 자신이 가진 정보와 권한으로 가능한 일이니까 오늘 가능한 일로 분류한다. 반대로 '다른 부서가 소유한 고객 리스트를 가져와 영업 계획에 반영'하는 일은 자신이 함부로 결정할 수 있는 게 아니다. 다른 부서의 고객 리스트를 받으려면 자신이 속한 부서장과 다른 부서장의 승낙을 받아야 한다. 이런 일은 시간을 두고 해결할 문제다. 만약 마음이 급하다면 부서장에게 메일로 의논하는 정도의 일만 가능하다. 이럴 경우 오늘 가능한 일의 공간에 '다른 부서의 고객 리스트 건으로 부서장에게 메일을 보낸다'라고 적는다.

이렇게 계속 써 내려간다. 더는 할 일이 떠오르지 않을 때까지 적는다. 리스트를 완성하면 오늘 가능한 일부터 차근차근 실행에 옮기자. 밤중이라도 전화가 가능한 사람에게는 연락을 하고, 통화를 하지 않아도 되는 일은 메일로 의견을 전달한다. 요즘은 노트북만 가지고 다니면 언제 어디서든 일을 진행할 수 있다.

중요한 점은 어떻게든 '오늘 가능한 일'에 쓰인 항목을 모두 완수하는 것이다. 어떤가? 이렇게 하면 개운하지 않은가? 이제 남은 건 내일 할 일을 미루고 휴식을 취하는 일이다. 실제로 일을 했고, 마음의 짐도 치웠으니 잠이 솔솔 오지 않겠는가.

답이 보일 때까지 한다

이와 비슷한 일을 손정의도 하고 있다. 손정의는 밤늦게까지 회의를 하다가 막바지에 이르면 "그래, 이제 보이기 시작했어!"라고 중얼거리고(실은 소리치는 것처럼 들린다) 퇴근한다. 아직 답이 보이지 않는 어두컴컴한 상태에서도 마지막에는 항상 "이제 보이기 시작했어."라는 말을 한다. '오늘 가능한 일은 모두 다했다'는 뜻이다.

이렇게 회의가 끝날 때는 한밤중이어서 퇴근한 직원들에게 정보를 요구하거나 변호사, 회계사 등 전문가의 의견을 듣고 싶어도 불가능할 경우다. 새로운 정보나 의견 없이는 더 이상 전진할 수 없을 때 손정의는 회의를 마치는 것이다.

이처럼 손정의는 거대한 신규 사업이나 인수 작업을 진행할 때에도 '오늘 가능한 일은 다했다'는 생각을 가지고 퇴근한다. 물론 잠도 편하게 잘 것이다. 이것이 손정의가 항상 정력적으로 일하는 비결이다.

"'오늘 할 일'과 '내일 할 일'을 확실히 구분한다."

손정의 결단!

"자지 마라! 일 고민은 일로만 해결 가능하다. 일을 더 해라!" 하고 직원들을 호통친다. 실제로 손정의는 일이 끝나지 않으면 회사를 떠나지 않는다.

리더는 항상 책임을 진다

▌ 리더십이란 무엇인가요?

손정의가 보기 드문 리더라는 건 두말할 필요 없다. 아무것도 없는 상태에서 세계적인 기업을 일궈냈으니 각종 언론사에서 그를 이상적인 리더십의 소유자로 꼽는 건 당연한 일이다. 실제로 손정의에게 강력한 리더십이 없었다면 오늘날처럼 성공하지는 못했을 것이다.

나는 손정의를 가까이에서 보며 리더십에 대해 깨달은 점이 있다. 손정의는 '목표를 정한 뒤, 역할을 분담하고 책임을 짐'으로써 리더십을 발휘한다는 것이다.

리더십의 본질은 변하지 않는다

리더십의 본질을 생각해보기 위해 조금은 극단적인 예를 들어보겠다.

구석기 시대, 대평원으로 사냥을 나온 한 무리가 빈손으로 하루를 마치고 야영을 하고 있다. 그들은 아무것도 없는 허허벌판에서 다음 날의 사냥 계획을 논의한다. 이때 무리의 리더에게 가장 중요한 건 어느 방향으로 이동할지 결정하는 일이다. 방향을 잘못 잡았다간 사냥감을 만나지 못해서 굶어 죽을 수도 있다. 리더는 논리적인 설명으로 구성원들을 납득시킬 의무가 있다.

가령 "이 시기에는 사슴 떼가 남쪽으로 향하면서 건너는 강이 있으니, 그곳으로 이동해 기다리자."라고 설명했다고 치자. 그는 그의 주장에 힘을 더하기 위해 종교적인 절차를 밟을지도 모른다. 실제로 중국에서 만들어진 갑골문자는 점을 치기 위한 도구였다. 그 시작은 사냥을 떠나는 방향을 정하는 데 있었다. 좀처럼 의견이 모이지 않았을 때에는 아마도 점을 쳐서 결론을 내렸을 것이다. 힘으로 다투는 것보다는 점을 치는 게 훨씬 신사적이다.

하지만 생사가 달린 사냥을 종교에만 의존하지는 않았을 것이다. 식료품을 저장하는 데 한계가 있었던 수렵 채집 시대에는 사냥감을 만나지 못하면 무리가 전멸할 가능성이 높았다. 만약 전적으로 점에만 의존하는 집단이 있었다면 진작 사라졌을 것이다.

사냥 방향을 정하면 리더는 개개인에게 역할을 분담한다. 예를 들어 몸집이 작은 사람은 사냥감을 모는 역할을 맡고, 힘이 센 사람은 숨통을 끊는 역할을 맡는다. 이러한 각자의 능력은 리더의 통솔에 따라 전체의 능력이 된다. 이제 사슴 떼가 나타나기만을 기다리면 된다.

만약 사냥감을 잡지 못하면 책임은 리더가 졌다. 틀림없이 자리에서 쫓겨나거나 제물이 되어 목숨을 빼앗겼을 것이다. 그러지 않으면 무리가 모두 굶어 죽었을 테니 말이다. 때문에 수렵 채집 시대에는 무능한 사람이 계속 리더 자리를 차지할 수 없었다. 반대로 유능한 사람은 영원히 존경받았음이 틀림없다.

결과야 어찌 됐든 마지막에는 리더가 모든 책임을 지는 게 맞는다.

소프트뱅크는 IT사업을 한다. 그 배경에는 IT시장이 반드시 커진다는 손정의의 확신이 있었다. IT업계에 널리 알려진 '무어의 법칙(Moore's law)'이라는 경험적 이론에서 얻은 확신이었다. 무어의 법칙은 인텔 설립자 가운데 한 명인 고든 무어(Gordon Moore)가 발표한 것으로 'IC칩의 집적도는 18개월마다 배가 된다'는 내용이다. 요컨대 컴퓨터는 일 년 반이면 성능이 배가 되거나 크기가 절반이 된다는 것이다. 그의 이론을 증명하듯이 처음 컴퓨터가 발명되었을 당시에는 건물 정도의 크기였지만, 지금은 손바닥에 얹을 수 있을 정도로 작아졌다.

통신 속도 역시 18개월 간격으로 두 배씩 빨라지고 있다. 최근 10년 사이 인터넷 통신 속도는 비약적으로 빨라졌다. 과거에는 인터넷을 이용하기 위해 따로 기계를 구입하고 엄청나게 비싼 돈을 지불해야 했다는 사실을 모르는 세대도 등장했다. IT업계는 상전벽해(桑田碧海)라는 말이 참 잘 어울리는 곳이다.

소프트뱅크는 플랫폼이 되는 사업을 재빨리 시작함으로써 성공을 거두었다. 소프트뱅크라는 사명(社名)만 보아도 성공 요인이 무엇인지 쉽게 파악할 수 있다. 뱅크(bank)는 은행이다. 은행은 많은 예금자로부터 돈을 모아 여러 기업에 빌려준다. 즉 '소프트웨어로 은행과 동일한 역할을 한다'는 손정의의 목표가 사명에 담겨 있는 것이다. 현재 주력 사업으로 떠오른 휴대 전화 사업과 야후!재팬을 대표로 하는 인터넷 사업 역시 IT플랫폼이다. 소프트뱅크의 사업은 앞으로도 당분간 그 이름이 의미하는 사업 방향에서 크게 벗어나지 않을 것이다.

손정의의 철저한 리더십

'직원들에게 어울리는 역할을 분담한다.'

손정의가 가장 중요하게 생각하는 리더의 자질 가운데 하나다. 실제로 손정의는 직원 개개인의 능력을 파악하고 그에 맡는 역할을 일일이 지시한다. 모호하고 복잡한 메시지는 지양하고, 능력에 걸맞지 않은 일은 시키지 않는다. 그리고 자신이 직접 지시한 만큼 모든 책임을 짊어진다. '손정의가 무조건 책임을 진다는 것'은 소프트뱅크가 꾸준히 성장하는 비결 가운데 하나다. 어떤 결과가 나오든 리더가 책임을 지기 때문에 부하 직원들은 눈앞의 일에만 주력할 수 있다.

사실 손정의가 제시하는 목표는 지나치게 높은 편이다. 직원들은 그 기대를 채우기 위해 늘 고군분투하는데, 그 과정에서 워낙 다양한 시도를 하다 보니 실패하는 경우도 빈번하다. 하지만 손정의는 이런 실패를 개의치 않는다. 직원들의 실패 또한 계획에 포함되어 있기 때문이다.

예를 들어 '브로드밴드와 휴대 전화 사업에서 매월 신규 고객을 수십만 명 모집한다'는 계획을 세웠다고 치자. 이렇게 엄청난 목표를 달성하려면 기존의 방식과는 전혀 다른 새로운 방식을 시도할 필요가 있다. 실제로 브로드밴드 사업을 처음 시작했을 때에는 고객을 유치하기 위해 길에 매대를 만들고 지나가는 사람들에게 모뎀을 건네기도 했다. 물론 실적은 올랐다. 그러나 모뎀 회수 비용이 만만치 않았고, 고객의 만족도도 높지 않아서 결국 이 계획은 실패로 돌아가고 말았다.

새로운 방법에는 늘 실패가 따르게 마련이다. 하지만 그 역시 어쩔 수 없는 일이라고 손정의와 직원들은 생각한다. 나는 단 한 번도 손정의가 사업에 실패했다고 해서 부하 직원을 책망하는 모습은 본 적이 없다. 그는 사소한 실패에 연연하지 않고 성공을 기다릴 줄 아는 진짜 리더다.

성과를 볼 수 없는 성과주의의 한계

소프트뱅크에서는 사장이 모든 책임을 지기 때문에 부하 직원들이 매우 공격적으로 일한다. 책임 부담 없이 마음껏 일을 진행하니 일이 즐거울 수밖에 없다. 소프트뱅크가 성공을 거듭하는 당연한 이유다.

과거 일본 기업에서는 부하 직원의 과실을 상사가 책임지는 게 자연스러운 일이었다. 내가 처음으로 취직했던 미쓰비시지쇼 같은 전형적인 대기업에도 "책임은 내가 질 테니 젊은 친구들은 자유롭게 꿈을 펼쳐라." 하고 말하는 듬직한 부장이 있었다.

이런 기업 문화가 정착될 수 있었던 배경에는 '연공서열'이라는 제도가 있었다. 지금은 능력에 상관없이 오랫동안 근무했다는 이유만으로 승진하는 관행을 비합리적이라고 보지만, 사실 시간을 들여 그 사람을 평가한다는 점에서는 연공서열이 합리적이기도 하다. 부하 직원을 편하게 만들어주는 그 부장도 연공서열 속에서 실적을 쌓아온 사람이었다.

보통 사내에는 실적으로 형성된 신뢰 관계가 존재한다. 그렇기 때문에 실적이 없는 아랫사람이 큰일을 하려면 기존에 실력을 인정받은 상사가 보증을 설 필요가 있다. 그렇게 젊은 직원이 아이디어를 내면 괜찮은 업으로 발전시키는 게 전통적인 일본 기업의 패턴이었다.

그런데 최근에는 부장급의 임직원도 성과에 따라 평가를 받는 업적주의가 만연하다. 자신의 성과가 중요해지다 보니 윗사람들도 더 이상 부하 직원을 믿고 책임을 지려하지 않는다. 일본 기업이 빛을 잃은 원인 가운데 하나다. 더 이상 일본 기업에서는 새로운 아이디어가 나오지 않는다.

리더십은 목표를 제시하고 역할을 분담해서 좋은 아이디어를 이끌어내는 능력을 말한다. 그리고 결과에 대한 책임은 필수적으로 리더가 떠맡아야 한다. 지나친 성과주의는 그러한 리더십의 본질을 해할 수 있다. 이 책을 읽는 당신이 어느 집단의 리더라면, 또는 리더가 되고자 하는 사람이라면 지금 내가 한 말을 가슴 깊이 새겨두기 바란다. 항상 모든 책임은 리더에게 있다.

> "정확한 목표를 설정하고 역할을 분담해준다.
> 그리고 모든 책임은 리더가 진다."

손정의 결단!

손정의는 직원이 실패했다고 해서 절대로 책망하지 않는다. 다양한 시도를 했을 때 발생하는 실패까지도 이미 손정의의 계획에 들어 있거니와, 모든 책임이 자기에게 있다고 생각하기 때문이다. 이는 소프트뱅크가 꾸준히 성장하는 비결이다.

성공 확률이 낮을수록 기회다

> **실패 가능성이 높은 프로젝트에 참여하게 되었습니다.
> 이 위기를 어떻게 극복하죠?**

프로젝트는 대개 실패할 가능성이 크다. 그렇기 때문에 기존에 있는 부서에 맡기지 않고 따로 사람을 모아서 진행한다. 나쁘게 말하면 어느 조직에서도 맡고 싶어 하지 않는 안건이 바로 프로젝트다. 성공이 기대되는 일이라면 어느 조직이든 하고 싶어서 달려든다.

프로젝트 매니저가 없다

어느 회사든 프로젝트 전체를 총괄하는 매니저가 부족한 게 현실이다. "저희 회사는 프로젝트 매니저가 많은 게 강점입니다."라고 말하는 회사는 단 한 번도 보지 못했다. 대기업이나 벤처기업 사장들도 "회사에 프로젝트 매니저가 부족해서 아주 곤란합니다. 어떻게 하면 프로젝트 매니저를 키울 수 있을까요?"라는 질문을 많이 던진다.

프로젝트 매니저가 부족한 이유는 프로젝트 매니저를 하려는 사람이 없기 때문이다. 많은 비즈니스 퍼슨이 프로젝트 매니저만큼 수지가 안 맞는 일은 없다고 생각한다.

회사는 피라미드형 조직으로 이루어져 있으며 제각기 정해진 업무가 있다. 직원들은 그 안에서 어떻게 업무를 수행했느냐에 따라 평가를 받고 보너스도 정해지고 승진도 한다. 그런데 프로젝트라는 건 기존 회사의 조직에 포함되지 않는다. '신규 사업 발굴 프로젝트', '조직 풍토 개선 프로젝트' 등 어느 부문에도 속하지 않는 일이 프로젝트다. 조직에 포함되지 않는다는 건 누가 무엇을 할지도 정해지지 않았다는 얘기다.

프로젝트 매니저는 구성원에게 업무 분담을 하는 일부터 시작한다. 그런데도 인센티브를 주거나 승진을 결정하는 권한을 가진 경우는 극히 드물다. 이렇게 책임은 큰데 보상은 적으니 당연히 프로젝트 매니저를 하겠다는 사람은 없을 수밖에 없다. 게다가 대부분의 프로젝트는 실패할 가능성이 더 높다!

하지만 잠시 생각을 바꿔보자. 이 책을 읽는 여러분은 현재의 상태를 넘어 새로운 무엇인가가 되기를 바라는 열정적인 사람이다. 자신의 한계를 뛰어넘고 싶어 하는 야망이 큰 사람이다. 그런 사람이 프로젝트에 참가하는 건 큰 기회가 된다. 성공은 모두의 기대를 뛰어넘을 때 빛을 발하는 법이다.

야후!BB 사업도 처음에는 실패 확률이 높은 프로젝트였다

소프트뱅크에서 근무할 때, 나는 사장실 경영전략담당 및 실장으로서 수많은 프로젝트 매니저를 맡았다. 그 결과 수많은 실패를 경험하기도 했다. 애당초 처음부터 실패가 확실한 프로젝트도 있었다. 사실 야후!BB라는 이름으로 시작한 브로드밴드 사업도 실패를 예상한 사업이었다.

2001년에 시작된 야후!BB는 누가 봐도 성공할 가능성이 지극히 낮았다. 소프트뱅크에는 통신 사업을 할 만한 인력과 물자, 자금, 정보 등의 경영 자원이 전혀 없었기 때문이다. 소프트뱅크의 직원들뿐만 아니라 경쟁업체나 언론사들 역시 대부분 실패하리라고 예상했다. 실제로 사업을 시작하고 4년 동안은 매년 100억 단위의 적자를 기록했다. 5년째 접어들어서야 겨우 흑자 전환에 성공했고, 그 뒤 브로드밴드 사업은 소프트뱅크의 주력 사업이 되었다. 손정의의 성공에 대한 의지가 위기를 기회로 전환시킨 것이다.

사실 손정의는 내게 "실패해도 상관없으니 시작하라."는 엄명을 내렸다. 나도 울며 겨자 먹기로 프로젝트 매니저가 된 것이다. 내가 업무를 지시할 수 있는 사람도 고작 기술자 두 명밖에 없었다.

나는 일단 소프트뱅크 본사 맞은편에 있는 상가 건물의 한 사무실에 파묻혀 NTT(일본 최대의 통신 전화 회사 - 옮긴이)에 제출할 기지국 운용 계획과 기지국 설치 신청서를 작성하기 시작했다. 손정의가 그 사무실로 자리를 옮긴 건 그로부터 며칠 뒤의 일이었다.

손정의는 '결단의 승부사'답게 규모가 남다른 사업 규모를 구상했다. 그가 생각하는 사업 규모와 진행 속도를 따라갈 수 없게 되자 우리는 인사 부서를 통해 프로젝트 추진 멤버를 모집하기로 했다. 하지만 인원이 전혀 모이지 않았다. 업무 강도에 비해 실패할 확률이 높다는 사실을 모두 알고 있었기 때문이다.

그러던 어느 날, 손정의가 인사부장을 불러 말했다.

"오늘 오후 6시 이후 시간이 되는 직원들은 모두 건너편에 있는 프로젝트 사무실로 모이라고 하세요."

다른 설명은 없었다. 인사부장도 아무 말없이 그의 지시를 수행했다. 6시를 넘기자 약 100명의 사람이 사무실로 모였다. 손정의는 그들의 명함을 모두 모아서 허름한 박스 위에 놓은 뒤 이렇게 선언했다.

"ADSL 사업으로 소프트뱅크는 제2의 창업을 한다. 여기 명함을 제출한 사람들은 이제 그 원년 멤버다."

손정의의 말이 끝나자마자 비상계단으로 도망쳤던 사람들의 모습을 나는 똑똑히 기억한다. 지금의 소프트뱅크를 생각하면 우스운 이야기 같지만 틀림없는 사실이다.

손정의는 '오후 6시 이후에 시간이 나는 직원은 그 부서에서 나와도 괜찮다.'라는 생각으로 즉각적인 인사를 단행했다. 정말이지 다시 생각해도 손정의다운 책략이었다. 그렇게 모은 100여 장의 명함을 조직도에 집어넣음으로써 브로드밴드 사업은 처음으로 조직다운 조직을 갖추게 되었다.

결국 그때 브로드밴드 사업에 참가했던 프로젝트 멤버들은 현재 소프트뱅크에서 고위직 임원을 맡거나 다른 회사를 창업하는 등 다양한 분야에서 활약하고 있다. 나 역시 사회에 기여를 하고 싶다는 생각에 '재팬 플래그십 프로젝트(Japan Flagship Project)'라는 긴 이름의 회사를 세웠다. 재팬 플래그십 프로젝트는 연금 시스템 개발, 후쿠시마 제1원자력 발전소 폐쇄, 원전 오염수 정화 프로젝트 등 다양한 국가사업에 관여하고 있다. 모두 프로젝트에 참가한 경험이 있기에 가능한 일이다.

리스크가 높은 프로젝트는 큰 도전이다

사실 실패가 예상되는 프로젝트도 꼼꼼히 따져보면 실제 리스크는 생각만큼 높지 않다. 프로젝트 매니저가 힘들게 느껴지는 이유는 그만큼의 권한이 없기 때문이다. 하지만 앞서 얘기한 야후!BB 프로젝트 참가자들을 보라. 그들은 그때의 경험을 살려 지금까지도 승승장구하고 있다.

또한 프로젝트에 대한 평가는 여느 조직의 업무에 대한 평가와 많이 다르다. 일반적으로 조직에서 실패를 하면 엄청난 비난을 받는다. 그런데 프로젝트는 애당초 실패를 예상했기 때문에 불이익을 거의 받지 않는다. 실패해도 다들 "그럴 줄 알았어!" 하고는 넘어간다. 실패에 매우 엄격한 일본 기업에서 귀중한 실패 경험을 쌓을 수 있는 것이다.

마지막으로 프로젝트가 성공하든 실패하든 참가자들은 값진 경험을 얻을 수 있다. 실패할 경우 프로젝트를 위해 투자한 시간과 노력이 아까울 수는 있겠지만, 그만큼 통찰력과 기획력을 신장시킬 수 있다. 그렇기 때문에 나는 실패가 예상되는 프로젝트야말로 커다란 기회가 된다고 생각한다. 지금 당장 회사에서 어떤 프로젝트가 진행 중인지 살펴보고 지원하도록 하자. 남들이 걷지 않는 길에 성공이라는 열매가 있다.

"실패할 가능성이 높은 프로젝트에 더 적극적으로 참가한다."

손정의는 야후!BB 프로젝트가 더디게 진행되자 시간이 충분한 사람들을 모은 뒤 억지로 팀에 참가시켰다. 그때 프로젝트에 참가했던 사람들은 아직까지도 승승장구하고 있다.

기획은 새로운 조합을 찾는 일이다

> **기획력이 부족하다는 얘기를 자주 듣습니다.**
> **어떻게 하면 기획력을 키울 수 있을까요?**

　기획력을 갖는 건 사실 어려운 일이 아니다. 손정의식 기획이란 기존에 없던 새로운 '조합'을 찾아내는 작업이다. 그 조합이 괜찮은지는 소비자의 니즈나 자사의 기술력, 판매력 등으로 평가하고 선별하면 된다.
　기획력이 매우 중요한 상품으로는 '게임'을 꼽을 수 있다. 게임 프로듀서 중에는 자기가 기획한 게임이 큰 인기를 끌 거라고 호언장담하는 사람이 많다. 하지만 실제로 대박 게임을 만들어내는 사람은 얼마 되지 않는다. 그만큼 게임은 정확한 수요층을 예상하기 어렵고 재미의 공감대를 형성하기가 쉽지 않다. 앞으로 게임에 익숙한 세대가 사회 주축으로 떠오르면 이런 현상은 더욱 심화될 것이다.

음반 업계도 마찬가지다. 매년 수백 명이 넘는 아이돌과 가수가 데뷔하지만 살아남는 사람은 거의 없다. 가창력뿐만 아니라 음악 트렌드와 회사 능력, 판매 방식 등에 크게 영향을 받기 때문이다. 여러분이 텔레비전을 통해 만나는 가수들은 이런 치열한 경쟁을 뚫고 살아남은 전사들이다.

경호온라인엔터테인먼트가 만든 모바일 게임 〈퍼즐 앤드 드래건〉은 게임 업계에서 크게 성공한 기획 가운데 하나다. 이 게임이 인기를 끌면서 적자에 시달리던 경호온라인엔터테인먼트의 매출은 전년 대비 약 2.7배 상승하고, 경상 이익*은 무려 6배 상승했으며, 시가 총액** 또한 1조 엔(약 9조 5,000억 원)을 넘어섰다. 경호온라인엔터테인먼트는 순전히 기획력으로만 승부한 기업이다.

---

* **경상 이익** 기업의 경영 활동에서 일정하게 발생하는 이익. 영업 외 수익을 가산하고 영업 외 비용을 공제한 것이며, 일정 기간의 수입과 지출의 차액을 이른다.
** **시가 총액** 증권 거래소에서 상장된 증권 모두를 그날의 종가로 평가한 금액.

조합으로 성공한 〈퍼즐 앤드 드래건〉

경호온라인엔터테인먼트가 성공한 비결은 소비자들의 니즈와 시장 트렌드를 적확하게 읽었기 때문이다. 경호온라인엔터테인먼트는 10여 년 전 컴퓨터용 온라인 게임 〈라그나로크〉로 대박을 터뜨린 뒤 주식을 공개한 회사다. 그러나 그 뒤로 온라인 게임 시장이 둔화되면서 출시한 게임들은 인기를 얻지 못했고 덩달아 회사 가치도 떨어졌다.

온라인 게임 시장의 성장이 둔화된 이유는 바로 스마트폰이 보급되었기 때문이다. 사람들은 컴퓨터 앞에 몇 시간씩 앉아서 게임하는 것보다 전철이나 버스에서 스마트폰으로 잠깐씩 즐기는 걸 선호했다. 경호온라인엔터테인먼트도 시대의 흐름을 따라잡을 필요가 있었다.

그렇게 스마트폰 게임 시장을 공략한 게임이 〈퍼즐 앤드 드래건〉이다. 〈퍼즐 앤드 드래건〉의 콘셉트는 매력적이다. 손쉬운 퍼즐과 롤플레잉 게임 요소를 조합해서 누구나 금방 게임을 즐길 수 있게 했다. 아이부터 어른까지 남녀노소를 불문하고 사람들은 〈퍼즐 앤드 드래건〉에 빠져들었다. 그리고 그 성공 배경엔 적절한 퍼즐과 롤플레잉의 '적절한 조합'이 있었다.

사실 조합을 통한 기획 발상법은 손정의가 원조다. 손정의는 미국 유학 시절, 매일 한 건씩 발명하기로 결심했다. 하지만 전혀 아이디어가 떠오르지 않자 손정의는 이렇게 생각했다.

'발명하는 방법을 발명하자!'

손정의는 단어가 적힌 카드를 만든 다음, 그 단어들을 이리저리 조합해보면서 '발명 아이디어 만드는 법'을 개발했다. 예를 들자면 '전자동', '고속', '휴대형' 등의 키워드를 바탕으로 '세탁기', '번역기', '오토바이'을 다양하게 결합해보는 것이다. 그러다 보면 참신한 아이디어가 떠오르는 것을 느낄 수 있었다.

제로에서 탄생한 발명품은 없다

완전한 제로 상태에서 발명되는 물건은 거의 없다. 대부분은 기존에 존재하는 물건을 색다르게 조합한 것이다.

대표적으로 미국의 화가가 발명한 지우개 달린 연필을 들 수 있다. 작업 도중 지우개를 종종 잃어버렸던 그는 곰곰이 생각한 끝에 지우개와 연필의 조합을 발견했다. 그리고 1858년에 특허를 받아 큰돈을 벌었다. 칫솔과 브러시가 달린 애견용 장갑도 있다. 개는 칫솔질은 싫어하지만, 주인의 손길은 좋아한다. 그 점을 이용해 장갑과 칫솔, 브러시를 하나로 결합한 것이다.

여러분도 훌륭한 발명가가 되고 싶은가? 그렇다면 우선 히트 상품 앞에 붙은 키워드를 주변에서 흔히 볼 수 있는 제품과 비교해보자. 편의점 커피는 '편의점'이라는 키워드가 '커피'라는 상품을 만나 기획된 상품이다. 손정의가 발명한 휴대형 번역기도 '휴대형'이라는 개념과 '번역기'라는 사물이 만나서 탄생했다. 앞으로는 '인터넷'이나 '스마트' 개념과 관련된 키워드가 인기를 끌 것으로 예상된다. '전자동', '고속', '휴대형' 등의 키워드도 꾸준히 인기를 끌 것이다.

조합을 통한 기획은 이벤트나 프로모션에도 적용할 수 있다. 내가 처음 취직했던 부동산 개발 업체 미쓰비시지쇼는 도쿄의 대표적 비즈니스 거리인 마루노우치(丸の内)의 주인이다. 그런데 내가 처음 입사했을 때에는 오랫동안 이어져온 버블경제가 붕괴되면서 그 거리에 빈 가게가 많았다. 특히 회사가 쉬는 주말에는 문을 열지 않는 매장도 많아서 무서울 정도로 적막했다. 나중에는 미쓰비시상사까지 본점을 다른 지역으로 이전하면서 신문에 '마루노우치의 쇠퇴'라는 특집 기사가 소개되기도 했다.

그 당시 나는 미쓰비시지쇼의 홍보부에 배속되어 있었다. 나는 그곳에서 기업 이미지를 상승시키기 위해 텔레비전 광고를 기획하고 신문, 잡지 등을 통해 기사를 내보냈다. 그런데 거품 경제가 꺼진 그 상황에서는 기존 방법이 효과를 발휘하기 힘들어 보였다. 그

전까지 밀어붙였던 '차분하게 거리 활성화를 꾀하는 성실한 회사'라는 메시지는 공허한 메아리가 될 뿐이었다.

나는 '마루노우치의 쇠퇴'라는 신문 기사가 기업 이미지에 큰 타격을 입혔기 때문에 그걸 어떻게든 극복해야 한다고 생각했다.

키워드 조합의 성공 법칙

나는 방법을 찾기 위해 당시에 유행하던 키워드를 검색해보았다. 그때 내 눈에 들어온 키워드가 바로 '카페'였다. 플래티나 거리(プラチナ通り)나 다이칸야마(代官山) 등이 세련된 데이트 장소로 인기를 끌고 있었다. 그래서 '마루노우치 카페'를 기획하게 되었다.

하지만 일개 홍보부 직원이 마루노우치 카페를 전면에 내세우기에는 한계가 있었다. 그래서 이벤트로 마루노우치 카페를 임시 개점한 뒤 라디오와 잡지 등에 노출했다. 결과적으로 내 판단은 옳았다. 마루노우치로 외근 나온 비즈니스 퍼슨들이 휴식을 취하기 위해 가격이 저렴한 그곳으로 몰렸고, 매장은 언제나 손님들로 북적거렸다.

그리고 마침내 이 사실을 알게 된 유명 레스토랑 경영자 미쿠니 기요미(三國清三) 씨가 마루노우치 카페를 내고 싶다며 제안을 해왔다. 그는 실제로 '미쿠니 마루노우치'라는 이름으로 카페를 개업했는데, 이 카페가 성황을 이루면서 다른 음식점과 매장이 근처로 몰려들었다. 나는 지금도 그때의 아이디어가 오늘날의 마루노우치를 만들었다고 자부한다.

이처럼 기획력을 키우는 건 어려운 일이 아니다. 중요한 키워드를 골라 수많은 조합을 계속 만들어보면 된다. 게다가 일단 완성된 조합은 개념이 분명해 평가가 용이하다. 어쩌다 괜찮은 조합이 나오면 온종일 가슴이 두근거리기도 한다.

"재미있어 보이는 키워드를 자유롭게 조합한다."

손정의 결단!

미국 유학 시절, 손정의는 하루에 하나씩 발명하기로 마음먹고 키워드 중심의 단어 카드를 만들었다. 그는 이 카드를 이리저리 조합해보면서 낯선 개념들을 친숙하게 만들고, 휴대용 번역기를 발명하기도 했다.

생산성을 최대로 끌어올려라

> **할 일은 많은데 시간이 부족합니다.
> 시간을 어떻게 써야 할지 모르겠어요.**

시간을 효과적으로 쓰는 일은 매우 중요하다. 우선 1년 동안의 목표를 세우자. 손정의도 새해가 되면 연간 계획을 세운다. 새해 첫날 연간 계획을 세우기 위해 손정의의 자택으로 불려간 적이 있다. 사장실 실장으로서 당연한 일이었다. 그리고 그때 의논했던 사항들을 프레젠테이션으로 정리해서 그해의 경영 방침으로 삼았다.

회사의 운명은 사장의 생산성에 달렸다

1년 계획을 세운 뒤에는 이를 조금 더 세분화해서 수개월 안에 달성하고자 하는 목표를 종이에 적는다. 손정의도 가끔 집에서 단기 목표 목록을 작성한다. 그는 그 목록을 이동하는 도중에 확인하곤 하는데, 곧바로 비서에게 전화를 걸어 스케줄 조정을 지시하기도 한다. 그래서 손정의가 차를 타면 비서는 늘 책상에 앉아서 스케줄표를 붙잡고 전화가 오기를 기다린다.

자신의 스케줄이 정해지면 손정의는 미팅 프레젠테이션을 작성하기 위해 사장실 경영전략 담당자를 불러서 이렇게 말한다.

"스케줄은 사장의 생산성이 최대가 되도록 세워라. 소프트뱅크의 업적은 사장의 생산성에 달려 있고, 사장의 생산성은 비서의 스케줄 조정에 달려 있다."

그러나 그 지시에 따르기란 쉽지 않다. 미팅 참석자들의 일정을 일일이 조율해야 하기 때문이다. 예를 들어 재무 관련 미팅을 할 때에는 재무 담당 임원이나 부장이 반드시 참석해야 한다. 외부 변호사나 회계 전문가를 부르면 일이 더 커진다. 해외 전문가가 참석하면 스케줄 조정은 더욱 어려워진다. 시차가 있어서 미팅 시간이 지극히 한정된다. 때로는 해외에 나가 있는 직원이 밤늦게까지 기다렸다가 미팅에 참석하기도 한다.

그래서 소프트뱅크 사장실에는 스케줄 조정을 담당하는 비서가 세 명이나 된다. 질 좋은 정보를 얻고 의사 결정에 영향을 미치는 멤버를 모두 참석시키려면 어쩔 수 없다. 이렇게 해야만 손정의의 생산성을 최대로 끌어올릴 수 있다.

일반적인 기업의 의사 결정은 품의서로 결정된다. 품의서를 돌리는 데에는 보통 한두 주가 걸리며, 각자의 의견을 적기 때문에 격렬한 논쟁은 일어나지 않는다. 대부분은 이미 진행하기로 결정된 일을 천천히 승인할 뿐이다.

그런데 소프트뱅크에서는 일을 진행하는 멤버들이 회의실에 모여 수 시간 동안 논의를 한 뒤 의사 결정을 내린다. 형식적으로 품의서를 올리긴 하지만, 24시간 안에 다른 의견이 없으면 승인이 되었다고 판단한다. 그만큼 소프트뱅크에서는 일을 기획하고 진행하는 과정이 매우 신속하게 이루어진다. 다른 기업이 소프트뱅크를 따라오지 못하는 이유다.

웬만한 사람은 손정의의 미팅 방식을 흉내 내기도 어렵다. 어느 정도 사회적 권위를 가지고 있지 않으면 관계자들이 스케줄을 조정해주지 않을 것이다. 상대를 압도하는 카리스마도 가지고 있어야 한다. 또 직접 일을 지시할 수 있는 비서가 없으면 복잡한 스케줄을 조정하는 데만 해도 많은 시간이 소모된다. 손정의를 그대로 따라 하는 건 단념하는 편이 낫다.

정례회를 페이스메이커로 이용한다

회의는 비정기적으로 하는 게 낫다고 주장하는 사람들이 있다. 충분한 자료가 준비되면 사람들을 모으는 식이다. 그러나 그런 회의는 시간이 지날수록 미뤄지고 또 미뤄질 확률이 높다. 그러다가 어느 순간 제 기능을 하지 못하게 된다. 회의의 생산성이 저하되면 결석하거나 대리 출석하는 사람이 늘고, 필요한 이야기를 제대로 하지 못하게 된다.

그래서 회의는 최대한 정기적으로 진행하길 권장한다. 예를 들어 프로젝트 정례회를 매주 수요일 오후 1시로 고정하면, 관계자들이 미리 일정을 조율하고 그때에 맞추어 자료도 준비할 수 있다. 다른 부서의 간부들도 한 달에 한 번쯤은 회의에 참석해 실질적인 조언을 해줄 것이다.

무엇보다도 정례회를 열면 평범한 비즈니스 퍼슨도 필요한 사람을 모두 모을 수 있다. 정례회를 통해 중요한 결정이 이루어진다고 하면 누구나 참석하고 싶어 안달이 날 것이다. 자신도 모르는 사이에 일의 진행 방향이 결정되는 건 누구도 바라지 않기 때문이다. 특히 성과에 책임을 져야 하는 간부들은 필히 참석하기를 바랄 것이다.

정례회 일정이 정해지면 그 스케줄에 맞추어 일주일 동안 할 일이 자연스레 정해진다. 정례회가 일의 속도를 맞추는 페이스메이커(pacemaker) 역할을 하는 것이다. 앞에서도 이야기했지만 목표에 맞추어 세분화된 계획을 세우는 일은 매우 중요하다. 정례회가 있으면 한 주 한 주 분명한 목표를 세우고 일을 진행할 수 있다.

마지막으로 정례회는 회사 내 의사소통을 활발하게 만든다. 일주일에 한 번씩 모여서 이야기를 나누면 그 사람이 어떤 일을 하는지, 어떤 방식으로 업무를 진행하는지 분명히 알 수 있다. 따로 일일이 물어보면서 에너지를 소모할 필요가 없는 것이다. 지금 당장 다른 직원들과 논의해 주기적인 회의 일정을 잡아보자.

"정례회를 만들고 페이스메이커로 삼는다."

손정의는 새해 첫날 1년 계획을 세운다. 그리고 그 일정에 맞추어 세부적인 스케줄을 조정한다. 그리고 비서를 통해 다른 사람들의 일정을 자신에 맞게 조율한다.

속도가 생명이다

> 업무 진행 속도가 느리다고 상사에게 질책을 받습니다. 어떻게 해야 할까요?

업무 속도가 느린 사람들에게 '1박 2일 문서 작성법'을 추천한다. 이는 모든 업무를 1박 2일 안에 처리하는 방법이다. 손정의는 항상 부하 직원들에게 "문서를 빨리 작성하라. 기한은 내일 아침까지!"라고 말한다.

'1박 2일 문서 작성법'은 다음과 같다. 우선 첫째 날 아침, 빠르게 대강의 문서를 작성한다. 그리고 전체적인 흐름을 고려해 어떤 자료가 더 필요한지 판단한다. 오후에는 문서 작성에 필요한 구체적인 자료나 데이터를 수집한다. 둘째 날 아침, 출근과 동시에 밤새 묵혀둔 자료를 문서에 반영한다. 이미 하룻밤을 지나면서 당신의 머릿속에 구체적인 문서가 완성되었을 것이다.

이것이 가장 효율적인 문서 작성법이다. 업무 속도가 느린 가장 큰 원인은 다시 되돌아가기 때문이다. 그런 사람은 아마 같은 부분을 몇 번씩 뒤적이는 일이 많을 것이다. '1박 2일 문서 작성법'은 다시 되돌아가는 과정을 최대한 줄이는 방법이다.

지금 가능한 일은 그 자리에서 끝낸다

오늘 가능한 일을 내일로 미루면 일이 더 밀려서 악순환에 빠진다. 업무를 원활히 진행하려면 그 순간 가능한 일은 반드시 해야 한다. 같은 부분을 계속 검토하는 건 반드시 피해야 한다.

예를 들어 직장 상사가 프레젠테이션 보충 자료를 준비하라고 지시했다면, 프레젠테이션의 초안을 받는 즉시 훑어보고 어떤 방향의 자료를 원하는지 확인해야 한다. 내부에서 확인할 수 있는 영업 실적인지, 외부 싱크탱크에 의존해야 하는 미래 시장 예측인지 대충이라도 업무 방향을 설정하도록 하자.

　상사의 지시에 무조건 "예, 알겠습니다."라고 대답만 해서는 안 된다. 상사가 그 프레젠테이션에 관심을 가지고 있을 때 여러 가지 정보를 얻어야 한다. 무턱대고 진행했다가 나중에 방향이 틀렸다고 지적당하면, 일을 시킨 사람이나 수행한 사람 모두 기분이 상한다.

　언제까지 자료를 넘겨야 하는지도 확인해야 한다. 오늘 안에 넘겨야 할 만큼 급한 것인지, 며칠의 여유를 가져도 괜찮은지 반드시 물어라. 마감 날짜에 따라 자연히 자료의 질과 양도 달라진다. 만약 외부 자료가 필요한 상황이라면 조금 더 시간을 요청하는 것도 나쁘지 않다.

　마감 시한을 묻지 않으면 "일은 어떻게 되었나?" 하는 상사의 질문에 "아직입니다."라고 답하는 상황이 연출된다. 그러면 당신에 대한 신뢰가 뚝 떨어진다. 상사와 당신이 생각하는 마감일은 같아야 한다. 이처럼 상사의 뜻을 즉시 파악하고 대처하는 것도 성공으로 가는 지름길이다.

　대개 업무 처리가 느린 사람은 한 가지 일을 하면서 도중에 다른 일을 한다. 그런 사람들은 업무를 재개했을 때 그전까지 수행했던 내용을 떠올리기 위해 다시 처음부터 자료를 훑어보는 습관을 지니고 있다. 이런 식으로 자신의 뇌에 정보를 인풋(input)하는 데 시간이 소모되면 업무를 빨리 마칠 수 없다.

업무 속도를 높이는 데 있어서 가장 중요한 건 정보가 인풋되는 시간을 줄이는 것이다. 뇌가 정보를 처리하는 속도는 언제나 비슷하다. 그날그날의 컨디션과 훈련 여부에 따라 조금씩 다를 뿐이다. 그러므로 정보가 인풋되는 시간을 줄이려면 반드시 일을 단번에 끝마쳐야 한다.

동시에 여러 가지 일을 해서는 안 된다. 컴퓨터 프로그램을 여러 번 실행시키거나 자료를 다시 읽는 일은 시간 낭비다. 어느 정도 형태가 완성될 때까지 다른 일은 잠시 멈춰라. 정말 대강이라도 상관없다. 우선은 큰 틀을 한 번에 잡는 게 중요하다.

생각에 잠기면 안 된다

손정의가 직원들에게 자주 하는 말이 있다.

"10초만 생각하면 뭐든지 알 수 있다. 10초를 생각해도 모르는 문제는 더 이상 생각해도 소용없다."

10초 넘게 생각해도 좋은 아이디어가 나오는 일은 거의 없다. 그 시간에 차라리 좋은 아이디어를 유도할 수 있는 방법을 생각하는 편이 낫다. 자, 이제 어떻게 하면 좋은 아이디어를 떠올리고 실행할 수 있는지 생각해보자.

구체적인 아이디어가 떠오르면 즉시 실행하는 것이 업무 속도를 높이는 요령이다. 검토에 검토를 반복하는 습관은 시간만 잡아먹는다. 그래서 손정의는 좋은 아이디어가 떠오르면 "지금 당장 관계자에게 연락하라."라고 지시한다. 자신의 아이디어에 어떤 문제가 있는지, 전문가가 고민하고 판단할 수 있도록 하는 것이다. 만약 그 아이디어를 진행해도 좋다고 판단되면 문서 작성에 필요한 자료를 정리해서 그 틀을 대강이라도 완성하라. 만약 자료가 부족하다면 전문가에게 의뢰 메일을 보내면 된다. 여기까지가 당신이 첫날에 할 일이다.

이때 절대 하면 안 되는 일이 있다. 부분 부분을 완벽하게 작업하는 것이다. 부분은 아무래도 부분에 불과할 뿐이다. 아무리 완벽한 내용이라 해도 전체적으로 어울리지 않으면 나중에 삭제할 수밖에 없다. 무엇보다도 부분에 신경을 쓰는 사람은 몇 배 더 많은 시간을 업무에 소모하게 된다. 대강이나마 전체적인 방향을 잡고 필요한 자료를 검색하는 게 현명하다.

이튿날에는 수집된 데이터를 바탕으로 단번에 문서를 작성한다. 뇌는 자신이 낮에 취득한 정보를 밤에 정리정돈해서 기억으로 저장한다. 이는 의학적으로도 증명된 사실이다. 그래서 밤에 잠을 자지 못하는 사람들은 기억력이 저하되거나 알츠하이머병에 걸릴 확률이 높다.

이런 뇌의 기능을 고려하면 확실히 문서는 정보를 수집한 다음 날 작성하는 편이 낫다. 그리고 작업이 끝나면 그날은 더 이상 손을 대지 않는 편이 좋다. 완전히 잊고 다른 업무를 시작하자. 차후 수정은 다른 사람들의 반응을 본 뒤 적용해도 늦지 않다.

이렇게 1박 2일 주기로 문서를 작성하면 다시 돌아가는 일 없이 빠르게 업무가 진행된다. 부디 한번 시도해보기 바란다.

"먼저 전날 자료를 모으고, 뇌가 정리를 마친 다음 날 단숨에 문서를 작성한다."

손정의 결단!

손정의는 10초 동안 생각해서 답이 나오지 않으면 더 이상 생각하지 않는다. 단, 좋은 아이디어가 떠오르면 즉각 전문가를 불러서 이야기를 나누고 일을 진행한다.

배운다는 자세로 임한다

> 제가 하려는 업무와 상사가 지시하는 업무가 부딪힙니다.
> 하지 않아도 될 일을 떠맡은 느낌이에요.
> 이럴 땐 어떤 일을 우선시해야 할까요?

'자신이 하고자 하는 업무'는 필시 스스로 기획을 세우고, 그 기획을 성공으로 이끌기 위한 일일 것이다. 이런 업무는 미래를 위한 투자가 된다. 그런데 이런 일은 스스로 결정한 일이기 때문에 애초 '마감'이나 '포맷'이 따로 정해져 있지 않다. 언제든 자신이 마음만 먹으면 출퇴근 시간에 지하철에서도 할 수 있는 일이다.

게다가 이런 일은 사무실에 앉아서 하는 것보다 사람들을 만나서 이야기를 나누는 편이 더 효과적이다. 소비자의 니즈를 파악하기 위해선 다양한 계층의 많은 사람과 대화를 나눌 필요가 있다. 나아가 관련 업계 사람의 이야기를 듣는다면 이보다 더 좋을 수가 없다. 사무실보다는 레스토랑이나 술집이 관련 정보를 얻을 수 있는 최적의 장소다.

그렇다면 '상사가 지시하는 업무'란 어떤 것일까. 우선 '상사가 억지로 떠맡겼다'고 생각하는 건 바람직하지 않다. '떠맡았다'고 생각하는 순간 그 일은 실패할 가능성이 높다. 진심과 성의를 다하지 않는 업무는 결과에 이르기까지 수많은 암초를 만날 가능성이 높으며, 스스로도 만족하기 어렵다. 그러므로 일을 지시받은 순간 '떠맡았다'는 생각은 일단 제쳐두고 어떻게 하면 처리할 수 있을지 고민해야 한다.

업무 성질을 판별한다

상사가 지시하는 업무는 크게 두 가지로 구분할 수 있다.

첫 번째는 상사가 불현듯 생각한 일이다. 상사는 종종 깊이 생각해보지도 않고 아이디어를 내놓는다. '반드시 이렇게 하고 싶다'는 의지도 없이 부하 직원에게 일을 시킨다. 부하 직원을 메모장과 동일하게 생각하는 상사들은 이런 성향이 강하다.

사실 손정의도 가끔 그럴 때가 있다. 별로 깊이 생각해보진 않았지만 '흥미가 있는 경우'다. 그가 특정 분야에 대해 알아보라고 지시를 내리면 나는 우선 사내 관련 부서에 전화해서 의견을 듣거나 책과 인터넷을 통해 기초 지식을 쌓았다. 그리고 언제든 다시 얘기가 나왔을 때 정보를 전달할 수 있도록 메모를 해두었다. 관련 분야의 전문가에게 미리 얘기를 해서 미팅을 잡기도 했다.

특히 손정의는 아이디어를 실제로 실현하는 데 비상한 재주를 가지고 있으므로, 그냥 던진 말이라고 해도 무시할 수가 없었다. 이렇게 부하 직원은 날아온 공을 일단 받아서 넣어두었다가 언제든 되던질 수 있는 준비를 해야 한다.

두 번째는 손이 많이 가는 일이라서 귀찮은 마음에 부하 직원에게 맡기는 경우다. 임원 회의에 필요한 프레젠테이션 작성이 대표적인 예다. 까다로운 클라이언트와의 미팅도 종종 상사들이 부하 직원에게 미루는 업무다. 클라이언트와의 미팅은 좀처럼 보람을 얻기 힘든 일이다. 때로는 그런 상사가 얄밉게 보일 수 있겠지만, 그럴 때일수록 성실하게 수행해야 한다. 상사가 까다롭다고 느끼는 일을 대신 처리했을 때 당신에 대한 신뢰는 급상승하게 된다.

어떤 일이든 성실하게 한다

미쓰비시지쇼 홍보부에서 일했던 시절, 나는 신문 스크랩에 가장 많은 시간을 할애했다. 인터넷을 통해 다양한 정보 서비스를 받을 수 있게 된 지금은 상상하기 어려운 일이지만, 나는 매일 아침 32부의 신문을 읽으며 중요한 내용을 따로 보관했다. 특히 월요일에는 토요일과 일요일 신문을 동시에 보아야 해서 일이 산더미처럼 많았다. 신문을 읽느라 아침 일찍 출근해서 밤늦게까지 야근을 하곤 했다. 그 일을 3년 동안 거듭했다.

이때의 업무는 훗날 내게 큰 도움이 되었다. 신문을 읽으면 읽을수록 기자들이 어떤 제목을 선호하는지, 어떤 기사를 주로 쓰고, 어떤 방식으로 내용을 전개해나가는지 알게 되었다. 나중에는 다음 날 기사를 예측하고 게재되는 페이지도 정확히 맞힐 정도였다. 앞에서 언급한 마루노우치 카페 사업은 이렇게 축적한 지식을 적극적으로 사용해 성공한 사례다.

언뜻 보면 단조롭고 귀찮은 업무일지라도 항상 배울 점은 있다. 거기에서 무엇을 얼마나 배우는지는 업무를 대하는 당신의 자세에 달려 있다. 억지로 맡았다고 생각하지 말고 무언가를 배운다는 생각으로 임해라.

임원 회의 프레젠테이션 준비는 얼마나 이해하기 쉽게 정보를 가공할 수 있는지 연구하는 과정이다. 까다로운 클라이언트와의 미팅은 상대방의 마음을 읽고 그것에 맞게 행동할 수 있는 노하우를 배우는 과정이다.

자신이 하고자 하는 업무는 출퇴근 시간을 이용해서라도 반드시 완수하도록 하자. 그래야만 자신의 미래를 멋지게 가꿀 수 있다. 그러나 프로 의식을 가진 비즈니스 퍼슨이라면 상사가 지시한 업무도 확실하게 처리하도록 하자. 현재에 충실하지 못한 사람은 미래에도 충실할 수 없는 법이다.

"억지로 맡은 일도 최선을 다하면 성장의 밑거름이 된다."

손정의 결단!

손정의 역시 흥미로운 아이디어가 떠오르면 부하 직원을 불러서 이것저것 업무를 지시했다. 그리고 그는 부하 직원이 건네주는 정보를 바탕으로 하나의 사업을 기획하고 성공적으로 완성시켰다.

4장

역전의 사고
위기를 기회로 만든다

사고를 바꾸면 위기가 기회로 바뀐다

> 제 능력으로는 도저히 감당하지 못할 업무를 맡았습니다. 어떻게 하죠?

나는 소프트뱅크에서 일할 때, 해외 기업과 조인트 벤처를 설립하는 프로젝트, 주식거래 시장을 창설하는 프로젝트, 국유화된 은행을 인수하는 프로젝트, 통신 사업 프로젝트 등을 다양하게 시도했다. 일개 개인에 불과한 내가 어떻게 이 모든 프로젝트를 담당할 수 있었을까? 그렇다. 말 그대로 '프로젝트'였기 때문이다.

전문 지식을 굳이 배울 필요는 없다

내가 재팬 플래그십 프로젝트라는 회사를 세운 목적도 다양하고 거대한 프로젝트를 관리함으로써 세상에 도움을 주고 싶었기 때문이다. 실제로 재팬 플래그십 프로젝트에는 사회 변화와 관련된 의뢰가 계속 들어오고 있다.

나는 2010년부터 일본연금기구의 비상근 이사가 되어 연금 기록 문제와 관련한 많은 프로젝트를 진행하고 있다. 그중 핵심적인 업무는 9억 5,000만 장의 종이 장부와 온라인 데이터를 일일이 대조하고 검증하는 것이다. 2,000억 엔(약 1조 9,000억 원)의 예산과 1만 7천 명의 인원이 동원된 이 프로젝트는 아마 인류 역사상 가장 많은 종이를 한 번에 다룬 사례가 아닐까 싶다.

그뿐만 아니라 후쿠시마 원자력 발전소 사고 관련 원자로 폐로·오염수 대책 팀에서 어드바이저로서 프로젝트 매니지먼트를 지원하고 있다. 나는 이 분야에 대해 전문 지식이 전혀 없지만, 개인의 업무가 아닌 프로젝트이기에 도움을 줄 수 있다.

그렇다면 프로젝트란 무엇일까? 일반적인 회사 업무와 무엇이 다를까? 프로젝트는 통상적인 조직의 목표와 다른 목표를 설정하고 사람, 물자, 자본 등의 자원을 필요에 따라 조정하면서 목표를 달성하는 일을 말한다.

예를 들어 도쿄타워 건설이나 신칸센(일본의 고속 철도) 개발 등은 텔레비전 프로그램에서도 쉽지 않은 프로젝트라고 소개한 적이 있다. 모두 기존 조직에서는 수행한 적이 없는 일로, 새로운 기술이나 발상이 필요한 프로젝트다. 이런 일을 진행하려면 기존의 회사 울타리 안에서 벗어나야 한다. 다양한 사람과 회사의 인적·물적 지원이 필요하기 때문이다. 도쿄타워와 신칸센 역시 다양한 회사들을 협력을 통해 완성되었다.

'자신의 능력으로는 도저히 감당하지 못할 업무'를 맡았다는 것은 '혼자서는 절대로 성공할 수 없다'는 뜻이다. 업무를 혼자 끌어안는 건 전형적인 실패 패턴이다. 지식도 없고, 사람도 없고, 자원도 없는데 무엇을 할 수 있겠는가? 이런 위기를 기회로 만드는 방법이 바로 프로젝트다!

자신의 위치를 명확하게 한다

프로젝트를 진행할 때에는 요령이 필요하다. 프로젝트는 여러 사람이 함께 이끄는 일이다. 그런 상황에서 프로젝트 매니저는 자신의 위치를 명확하게 설정할 필요가 있다.

프로젝트 그룹은 보통 조직과 달라서 프로젝트 매니저가 다른 부서와 사외 사람들에게 직접 지시를 내린다. 그만큼 일에 관한 권한이 크다. 장차 사업을 하고자 하는 사람에게 이보다 더 좋은 경험은 없을 것이다.

프로젝트 오너는 업무를 의뢰한 사람, 즉 최종적인 책임을 지는 사람이다. 사람, 물자, 자본을 지원하고 승인해주는 사람이기도 하다. 프로젝트에 오너가 없으면 필요한 지원도 받지 못하고 업무만 짊어지게 된다. 그러므로 프로젝트 매니저는 누가 이 프로젝트에서 책임을 지는지 확실하게 정해야 한다. 그렇지 않으면 나중에 책임을 뒤집어쓸 가능성도 있다.

당신이 도저히 감당하지 못할 업무를 맡게 되었으니 책임을 분담해달라는 부탁은 당연히 해도 된다. 또한 프로젝트 오너는 항상 프로젝트 정례회에 참석해야 한다.

중요한 건 '무엇을 못하는가'다

프로젝트는 그 목표가 분명해야 한다. 목표가 불분명할수록 프로젝트의 난도는 높아진다. 심한 경우 어떤 프로젝트 매니저는 목표가 무엇인지 전혀 모른 채 일을 지시하기도 한다. 목표가 확실해지면 필요한 자원도 명확해지고 일에 속도가 붙는다.

프로젝트 매니저는 일이 수월하게 돌아가게 하기 위해서 개개인의 업무를 지정해줘야 한다. 이때 가장 중요한 것은 '무엇을 못하는가' 제대로 아는 것이다. 내부에서 처리가 가능한 일은 기존의 인원으로 해결하면 된다. 그러나 내부에서 해결하기 힘든 어려운 일은 그 이유를 밝힌 뒤 외부 인사를 초빙해서 해결해야 한다. 적재적소에 전문가를 활용하는 능력이야말로 프로젝트 매니저에게 요구되는 자질이다.

프로젝트는 개인의 능력으로 실현하기 불가능한 일을 가능하게 만들어준다. 그러니 어려운 업무를 맡게 되면 즉시 프로젝트 팀을 꾸려라. 다른 사람들이 당신의 가치를 빛나게 해줄 것이다.

"프로젝트로 일을 진행하면 무엇이든 할 수 있다."

손정의의 소프트뱅크는 다양한 영역에서 동시다발적으로 프로젝트 사업을 진행한다. 개인의 능력에 의존하는 기업은 이렇게 다양한 사업을 진행할 수 없다. 프로젝트는 구성원들이 능력을 발휘할 수 있는 최고의 기회다.

상황을 움직이게 하는
포지션으로 변화한다

> **불필요한 회의가 많아서 난감합니다.
> 효과적으로 회의할 수 있는 방법이 없을까요?**

많은 비즈니스 퍼슨이 같은 고민을 가지고 있다. 더구나 성과가 부진한 기업일수록 회의가 많은 법이다. 업적 부진의 책임을 회피하기 위한 회의를 진행하거나 단순히 지금 하는 일을 보고하는 데 그치는 경우가 대부분이다. 불필요한 회의의 전형이다.

불필요한 회의는 회의 목적과 관계없이 여러 사람이 차례로 자신이 하고 있는 일의 어려움을 피력한다. 그가 하는 일이 좋은지, 나쁜지도 확실하지 않다. 모두 관심이 없으면서도 열심히 듣는 시늉을 한다. 속으로는 지루하게 생각하면서 말이다.

의미 있는 회의란 회의 도중에 문제점이 부각되어 참석자들이 해결책을 논의하고, 회의가 종료되면 각자 문제를 해결하기 위해 행동하는 회의다.

회의 시간과 효과는 관계없다

불필요한 회의를 없애려면 어떻게 해야 할까? 그 해결책으로 의자를 없애거나 회의 시간을 미리 설정해두는 회사가 많다. 시도는 좋지만 효과는 없다. 오히려 시간이 짧아져서 효과도 저하될 가능성이 크다. 시간을 의식하다 보니 가장 중요한 가치가 무엇인지 잊어버리는 것이다.

나는 여러분에게 회의의 서기(書記)를 맡으라고 제안한다. 물론 의장을 맡는 게 더 좋지만, 의장이 되기란 쉽지 않다. 그래서 차선책으로 서기를 추천한다. 서기의 역할도 의장 못지않게 중요하다.

실제로 서기는 매우 중요한 역할을 수행한다. 여러분은 1980

년대의 냉전시대를 어떻게 기억하는가? 소비에트(Soviet) 연방에서 최고 권력자는 서기장이었다. 소련의 붕괴를 선언한 사람도 미하일 고르바초프 서기장이었다. 서기장이 가장 큰 권력을 차지 할 수 있었던 이유는 회의를 주도하고, 나중에 지시를 내리는 데 근거가 될 회의록을 관리하기 때문이다. 서기장이 어떻게 기록하고 관리하느냐에 따라 나라의 운명이 달라졌던 것이다.

그러나 대부분 사람은 서기의 중요성을 인식하지 못하고 있다. 바로 이 점을 노려야 한다. 의장을 하겠다고 나서면 '주제도 모르고 나서는 녀석'으로 낙인찍힐 수 있지만, 서기를 하겠다고 하면 '남을 위해 희생하는 꽤 괜찮은 녀석'이라고 볼 것이다.

회의록 포맷을 바꿔라

서기가 되면 가장 먼저 회의록의 포맷부터 바꾸길 권한다. 서기로서의 존재감을 드러내려면 기존과 다른 양식을 만들어야 한다. 물론 기존에 있던 회의록과 크게 다르지는 않아도 된다. 오히려 너무 많이 변경하면 읽는 사람들이 불편을 호소할 수 있다. 만약 정해진 포맷이 없다면 매우 좋은 기회다. 이 기회에 자신이 최고로 생각하는 포맷을 작성해서 회사의 일반적인 포맷으로 만들자.

우선 참석한 사람들의 부서와 직위, 이름이 한눈에 들어와야 한다. 다음으로 일정이나 개최 장소 등의 일반적인 사항을 기록하고, 중요한 순서대로 참석자들의 신상을 기록한다.

생산적인 회의를 만들기 위해서는 참석자들의 면면에 특히 신경을 써야 한다. 회의가 시작되기 전에 의사 결정을 할 수 있는 사람이 있는지, 필요한 정보를 가진 사람이 모두 모였는지 확인하도록 하자.

예를 들어 영업 회의에서 '신입사원 연수 커리큘럼을 실천적인 내용으로 강화한다'는 내용이 논의되었다고 치자. 이때 실제로 커리큘럼을 조정할 수 있는 인사부 직원이 없으면 어떤 결론도 내릴 수 없다. 경우에 따라서는 인사부 담당자가 어설픈 보고를 듣고 계획을 엎어버릴 수도 있다. 반대로 인사부 직원이 참석하면 실질적이고 깊이 있는 논의를 진행할 수 있다. 회의의 가치는 참석자로 결정된다.

또 영업 방침을 결정하는 중요한 회의라면 영업부장이나 담당 임원 등 의사 결정을 내릴 수 있는 사람이 반드시 참석해야 한다. 힘 있는 사람이 회의에 참석하면 단 한 번의 회의만으로도 결론을 내릴 수 있다. 키퍼슨(key-person)이 있는 회의와 없는 회의는 기능 면에서 차이가 난다. 참석자들의 면면을 보면 회의가 얼마나 효과적이었는지 알 수 있다.

정보와 결정 사항의 차이

　서기는 다음 두 가지를 명확하게 구별해서 기록해야 한다. 바로 정보와 결정 사항이다. 여기서 '정보'는 회의 중에 공유하는 각 부서의 현황을 말한다. 가령 영업 회의가 개최되면 각 지역 본부별로 그달의 매출 실적과 달성률, 원인을 보고해야 한다.

　정보를 기록하는 패턴은 다양하다. 글줄로 적을 수도 있고, 간단한 도표나 수식으로 압축할 수도 있다. 어떤 때는 타부서에서 가져온 자료를 그대로 첨부하기도 한다. 가급적이면 단순하게 표현해서 다른 사람들이 한눈에 알아볼 수 있도록 하는 게 좋다.

　'결정 사항'은 다음 회의가 열리기 전까지 진행해야 하는 일이다. 포맷에는 '누가', '언제까지', '무엇을' 할지 정확히 적는다. 가급적이면 '담당자', '기한', '성과물'이라고 적기를 권한다. 회의를 오랫동안 진행하다 보면 이 부분이 가장 모호해지기 때문이다.

　참석자들이 다음 회의까지 무엇을 해야 할지 모르는 회의는 결코 좋은 회의가 아니다. '담당 부서'가 아니라 '담당자'라고 쓰는 데에는 이유가 있다. 담당 부서만 적어서는 어느 누가 책임을 질지 불분명하기 때문에 회의가 끝나면 흐지부지 되기 십상이다. 반면에 정확히 담당자를 기재하면 책임감을 가지고 일을 완수할 수밖에 없다.

또 '성과물'이 무엇인지 명확해야 한다. 좋지 않은 회의록은 담당자에게 어떤 아웃풋(output)이 주어졌는지 명확하지 않다. 이런 회의록은 막연한 논의와 형식적인 결정이 난무했다는 느낌을 준다. '성과물'이라고 적는 데에도 이유가 있다. '성과물'에서 '물(物)'은 '눈에 보이거나 손으로 잡을 수 있는 물질'이기 때문에 그만큼 목적이 분명해진다.

회의록은 가능하면 A4 한 장에 작성하는 것이 좋다. 사람들은 회의록을 읽는 데 시간을 들이지 않는다. 빨리 중요한 내용만 읽을 수 있도록 짧게 정리한다. 길게 정리된 회의록은 분명 뒷장의 내용을 아는 사람이 없다. 그만큼 서기는 회의의 모든 내용을 꿰뚫고 요약할 수 있어야 한다. 일이 진행되는 과정을 명확히 아는 건 본인에게도 좋은 일이다. 회의록뿐만 아니라 모든 서류를 A4 한 장 분량으로 작성하길 권한다.

마지막으로 다음 회의 일정을 정한다. 회의록에는 다음 회의 일정을 기록해야 한다. 그리고 회의 마지막에 반드시 다시 한 번 확인하도록 하자. 회의 일정을 거듭 확인함으로써 참석자들은 자신에게 주어진 업무가 무엇인지 인지할 수 있다. 또 스케줄을 그 자리에서 조정해두면 나중에 번거롭게 신경 쓸 필요가 없다.

가급적이면 회의 전에 포맷을 작성하고 회의 주최자나 상사에게 미리 보여주자. 서로 간에 오해가 발생하는 걸 예방할 수 있다.

그리고 회의가 끝나면 회의록 내용을 확인할 수 있게 해달라고 요청하자. 자신이 의장이 아니기 때문에 가능한 일이다.

회의의 완성은 '서기'

준비한 포맷에 맞추어 회의록을 작성했다면 마지막으로 불분명한 부분은 없는지 검토하자. 예를 들어 '영업 전략을 검토한다'는 말은 너무 모호하다. '검토한다'는 말은 회의록에 절대 남겨서는 안 되는 표현이다. '검토'는 생산적인 논의와 거리가 있는 단어다. '작성한다', '제출한다' 등 결과가 분명한 단어로 대체하자. 그래야 장차 어떤 아웃풋이 나올지 예측할 수 있다.

아웃풋은 명확해야 한다. '영업 전략을 검토한다'는 문장은 목표로 하는 아웃풋을 제대로 표현하지 못하고 있다. 대신 '중견 사원용 영업 전략 계획서를 작성한다'고 적으면 조금 더 확실한 아웃풋을 공유할 수 있다.

가능하다면 컴퓨터로 회의록을 작성하면서 프로젝터로 공유하는 것도 좋다. 그러면 결정된 사항을 모두 함께 확인할 수 있다. 특히 의장과 역할을 잘 분담하면 모양새가 매우 보기 좋다. 의장이 정리한 내용을 구두로 얘기하면 서기는 그 자리에서 문자로 기록해 프로젝터로 공유하는 것이다. 아마 참석자 전원이 당신의 현명함에 혀를 내두르지 않을까 싶다. 사람들이 회의록의 구조를 이해하고 그에 맞추어 발언한다면 서기가 기록하기도 쉬워질 것이다.

서기는 회의를 주도하는 주체이자 결과를 도출하는 핵심 인물이다. 부디 서기 역할을 맡아 회사의 주축이 되길 바란다. 당신에 대한 주변의 평가도 점점 좋아질 것이다.

"의장이나 서기 등 회의 주체가 되어 의미 있는 회의가 되도록 진행한다."

회의 결과가 눈에 보이게끔 기록해서 공유한다. 회의록을 정리하면 회사 업무에 대한 이해도가 높아지고, 다른 사람으로부터 호의적인 평가도 받을 수 있다.

끝까지 해내서 신뢰를 얻는다

> '하고 싶은 일'이 있을 때에는 곧장 보고하는 편이 좋을까요? 아니면 성공 가능성이 확실히 보일 때까지 기다리는 게 좋을까요?

하고 싶은 일이 있으면 그 자리에서 말로 표현하자. 생각을 말로 표현하면 자신의 의식이 명료해지기 때문이다. '언제까지, 무엇을, 어떻게' 달성할지 정리되지 않은 부분도 분명히 정할 수 있다. 생각만 해서는 주변 사람들의 공감을 얻을 수 없다.

내뱉은 말은 반드시 지킨다

말로 공언을 하면 창피를 당하지 않기 위해 더욱 열심히 하게 되는 법이다. 단, 그렇게 내뱉은 말은 반드시 지켜야 한다. 공언만 하고 달성하지 못하면 당신은 '입으로만 떠드는 사람'으로 낙인찍히게 된다. 지키지 못할 약속은 마이너스만 될 뿐이다.

소프트뱅크가 처음 브로드밴드 사업을 시작했을 때 인터넷을 사용하고자 하는 고객이 줄을 이었다. 하지만 대응할 준비를 미처 다 갖추지 못해서 수개월 넘게 개통을 미뤄야 하는 사태가 발생했다. 사람들의 비난이 봇물 터지듯 쏟아졌고, 손정의와 소프트뱅크에 대한 신뢰는 바닥으로 곤두박질쳤다.

이를 회복하기 위해 손정의는 신청 후 열흘 안에 개통을 약속하는 '10일 개통 캠페인'을 펼쳤다. 이마저 지키지 못하면 신용은 회복할 수 없을 정도로 떨어질 게 분명했다. 약속을 지키기 위해 손정의는 매일 새벽 2시까지 일을 하며, 때로는 직접 개통 신청서를 상대 업체에 보내고 일일이 확인 전화를 걸었다. 지금은 상상하기 힘든 일이지만 그 당시에는 정말 맹렬하게 일했다.

손정의뿐만 아니라 직원들도 공언한 10일 개통 캠페인을 지키기 위해 전력투구했다. 나 역시 서비스 프로세스 매니지먼트 본부장으로서 콜센터로 걸려오는 전화를 받으며 최선을 다해 대응했다.

콜센터에서는 하루에 3만 건 이상의 문의 전화를 받았다. 나는 그 전화들을 분석하기 위해 아침저녁으로 회의를 개최하고 매뉴얼을 작성했다. 물론 콜센터는 24시간 365일 영업이었기 때문에 본부장으로 있는 동안은 주말이나 명절에 상관없이 매일 출근하였다.

문의 전화를 건 고객들에게는 브로드밴드 사업과 관련된 설문조사를 벌였는데, 매일 2,000통에 이르는 답신을 받았다. 아마 2년 동안 1,000만 통이 넘는 설문 조사지를 읽었을 것이다.

그렇게 소프트뱅크는 브로드밴드 가입자 500만 명을 달성하기 전까지 브로드밴드 사업에만 총력을 기울였다. 그 뒤 단계적으로 니혼텔레콤과 보다폰 일본 법인 인수를 추진했다.

손정의의 약속

최근 손정의가 '공언한 사업'으로는 통화 품질 개선 사업이 있다. 소프트뱅크가 인수한 보다폰은 원래 타사에 비해서 신호가 잘 잡히지 않는다는 문제점을 가지고 있었다. 소프트뱅크가 인수한 뒤에도 그 이미지는 고스란히 따라와서 '소프트뱅크는 신호가 잘 잡히지 않는다'는 말을 듣곤 했다. 그래서 손정의는 이 문제를 해결하기 위해 다음과 같이 사람들에게 선언했다.

> < 소프트뱅크 모바일 성능 개선 선언안 >
>
> 하나, 기지국 배증
> 둘, 자택용 소형 기지국 무료 제공
> 셋, 매장, 기업용 소형 기지국 무료 제공
> 넷, 매장, 기업용 와이파이 라우터(router)* 무료 제공

손정의는 그 당시 기지국 커버율 98퍼센트를 99퍼센트까지 끌어올리는 걸 목표로 삼았다. 그래서 투자의 개념으로 신호가 잡히기 힘든 지역에 무료 소형 기지국을 설치했다.

그 뒤 소프트뱅크 휴대 전화는 신호가 잘 안 잡힌다는 이미지를 탈피해 언제 어디서나 잘 터지는 이미지로 변신했다. 사람들의 신뢰가 쌓이기 시작한 것이다. 그렇게 얻은 신뢰의 결과가 오늘날의 소프트뱅크다.

손정의는 자신이 목표한 바를 사람들에게 널리 얘기함으로써 자신에게 압력을 가하고, 실패하면 그만한 대가를 치렀다. 생각을 말로 표현하는 건 손정의의 성공 비결 가운데 하나다. 스스로에게

---

* **라우터** 데이터 전송 시 최적화된 경로를 선택해주는 장치.

최면을 걸면 어떤 어려운 상황에 처해도 일을 완수할 수 있기 때문이다.

이제 여러분도 '하고 싶은 일'이 있을 때에는 직접 말로 표현하자. 그래야 자부심을 가지고 최선을 다할 수 있다. 설령 실패해도 다시 신뢰를 회복하기 위해 전력을 다하게 된다.

"하고 싶은 일이 있으면 적극적으로 사람들에게 알린다."

브로드밴드 사업 초기, 준비 미숙으로 신뢰가 실추되었을 때 손정의는 과감하게 '10일 개통 캠페인'을 실행했다. 그리고 직접 새벽까지 일하며 고객의 신뢰를 얻기 위해 최선을 다했다.

반대 의견을 심사숙고하는
계기로 삼는다

| 평소 신뢰하던 사람이 제 의견에 반대합니다.
그의 말을 어느 정도까지 들어야 할까요?

나는 손정의만큼 다른 사람의 말에 귀 기울이는 사람을 보지 못했다. 실제로 손정의는 누가 얘기하든 자신에게 도움이 된다고 느끼면 진지하게 경청한다. 잘나가는 경영자든 길거리에 누워 있는 노숙자든 상관하지 않는다.

특히 신규 사업을 시작하면서 수집한 정보는 무엇이 중요한지 판단하기 어렵다. 그전에 아무도 다뤄본 적이 없으니 당연하다. 그렇다면 어떤 사람이 자신에게 올바른 판단 기준을 제시할 것인가. 그건 아무도 모른다. 심지어 손정의도 어떤 사람이 그런 능력을 갖췄는지 알지 못한다.

반대하려면 대안을 내라

손정의는 소프트뱅크의 사업을 진행할 때 간부들과 철저한 논의를 거친다. 각 부서의 장(長)들이 가장 신경 써야 하는 업무도 손정의와 하는 논의다. 아침에 시작한 회의가 한밤중까지 이어지는 일도 다반사다. 그만큼 사안이 있으면 철저하게 논의한다.

이 논의에서 생산적인 발언을 하려면 손정의가 달성하려는 목적을 분명히 파악해야 한다. 그리고 손정의의 생각에 반대표를 던지려면 대안도 함께 제시해야 한다. '반대를 위한 반대'만 해서는 소프트뱅크에서 자리를 보전할 수 없다.

'오너가 독단적인 판단을 내리는구나.' 하고 생각할 수도 있겠지만 실은 그렇지 않다. 소프트뱅크 임원 회의에는 손정의와 논의를 펼칠 수 있을 만한 경영자가 많이 초빙된다. 얼마 전 세상을 떠난 후지 은행의 사카이 전(前) 부행장이나 저명한 경영 컨설턴트 오마에 겐이치(大前研一) 씨, 유니클로의 야나이 다다시 사장 등이 대표적인 예다. 그들은 임원 회의에서 손정의와 기탄없이 의견을 나눈다.

참석자들은 실제로 손정의 못지않은 경험과 성과를 가진 인물들이다. 그들은 직접 손정의에게 날카로운 질문을 던진다. 손정의는 일일이 최선을 다해 답변하지만, 그들은 만족하는 법이 없다. 손정의는 항상 사회적으로 신뢰받는 사람들의 반대를 접하고 사는 셈이다.

그래도 손정의는 포기하지 않는다. 사업 방식을 개선하기도 하고 전혀 다른 각도에서 해결책을 끌어내기도 한다. 이때 달성하고자 하는 목적이 흔들려서는 안 된다. 목적이 흔들리지 않아야 끝까지 밀고 나갈 수 있다. 목적이 분명하면 언제든 대안을 생각해낼 수 있기 때문이다.

가사이 임원의 충언

손정의는 반대 의견에 부딪혀도 자신의 의견을 굽히는 일이 없다. 나도 딱 한 번 예외의 사례를 알고 있을 뿐이다. 그것도 얼마

전, 손정의가 가사이 임원의 장례식에서 조사(弔辭)를 읽을 때 직접 그의 입을 통해 들은 일화다.

손정의는 리먼 사태(2008년 미국 투자 은행 리먼 브라더스가 파산을 신청하면서 그 여파가 전 세계에 영향을 미친 일. 미국 서브프라임 모기지 사태의 핵심 사건이다 - 옮긴이)로 인해 주가가 떨어지자 회사 상장을 폐지하고 공개 회사에서 프라이빗(private) 컴퍼니로 돌아가는 것을 고려했다고 한다. 상장을 폐지하면 주주는 자기 혼자가 되어 자유롭게 회사를 경영할 수 있기 때문이다.

사실 주식 상장은 경영자에게 상당한 부담으로 작용한다. 구상한 사업을 진행하려면 증권 회사의 애널리스트와 언론에 상세하게 설명을 하고 동의를 얻어야 하기 때문이다. 정치가에 비유하자면 매일매일 선거를 치르는 셈이다.

손정의는 기업을 살리기 위해 프라이빗 컴퍼니로 돌아가는 문제를 가사이 임원에게 진지하게 논의했다. 그런데 평소에는 "좋아요. 좋아." 하면서 손정의의 생각에 힘을 보태던 그가 "그것만은 절대 반대합니다! 꿈이 작아져도 괜찮습니까?" 하고 충언을 했다는 것이다. 손정의는 가사이 임원의 말에 듣고 즉각 생각을 고쳐먹었다고 한다.

가사이 임원이 상장 폐지를 반대한 데에는 이유가 있었다. 주식을 상장하면 시장에서 쉽게 자금 조달을 할 수 있다. 은행 등의 금융 기관이나 사채 시장에서도 자금을 빌려준다. 하지만 상장되지 않은 회사는 자금을 조달하기 어려워 아무리 좋은 사업 계획이 없어도 실행할 수 없다. 만약 그때 손정의가 상장을 폐지했으면 훗날 사업의 원동력이 되어준 자금 조달 능력을 잃어버렸을 것이다. 실제로 소프트뱅크는 2013년 1조 엔(약 9조 5,000억 원)이 넘는 돈을 끌어들여 미국의 통신회사 스프린트를 인수했다. 손정의도 눈물을 머금으며 "가사이 임원이 그때 말리지 않았더라면 스프린트 인수는 무리였을 것이다."라고 고백했다.

지금까지의 얘기를 볼 때 누군가 반대 의견을 제시하면 다음과 같이 대응할 수 있다.

첫째, 목적을 달성하기 위해서라면 반대 의견에 굴하지 않고 해결책을 찾는다.
둘째, 반대 의견을 기분 나쁘게 생각하지 말고 더 좋은 방법을 찾는 계기로 삼는다.
셋째, 목적을 이루는 데 도움이 되는 반대 의견이라면 잠시 멈춰서 생각한다.

기회를 살리기 위해서는 무엇보다도 자신이 달성하고자 하는 목표가 무엇인지를 확실하게 확인하고, 의지를 다지는 게 중요하다. 하지만 때로는 더 큰 그림을 생각하는 주변 사람의 의견을 듣는 것도 나쁘지는 않다. 특히 같은 꿈을 공유하는 사람의 조언이라면 적극 받아들이는 게 좋다.

"반대 의견을 분명하게 듣고 설득이 가능할 정도로 다시 기획한다."

손정의는 임원 회의에 자신의 의견을 반박할 수 있는 경영자들을 많이 초빙한다. 그들의 의견에 최선을 다해 답하면서 대안을 떠올리고, 이루고자 하는 목표가 무엇인지 다시금 확인한다.

작은 성공이 커다란 신뢰가 된다

> 저는 가능하다고 생각하는데, 다른 사람들이 모두
> 반대합니다. 점점 자신감이 떨어지네요.
> 그들을 설득할 방법이 없을까요?

자신은 '할 수 있다'고 생각하는데 다른 사람들은 아무도 이해해주지 않고 반대한다. 이런 전개야말로 소프트뱅크의 역사이고, 손정의의 인생이다. 손정의는 소프트뱅크를 창업했을 때 매일 밀감 상자 위에 올라가 이렇게 말했다.

"우리 회사는 앞으로 1조 엔, 2조 엔, 이렇게 조 단위로 매출을 계산하는 회사가 된다!"

그러자 첫 번째 직원이었던 아르바이트생 두 명은 사장의 정신이 나갔다며 두 달 만에 회사를 그만두었다.

그 뒤에도 손정의의 사업은 세간의 인정을 받지 못하는 일이 많았다. 소프트뱅크가 신규 사업을 벌이거나 기업을 인수할 때마다 '소프트뱅크는 자금 마련 능력이 떨어진다', '소프트뱅크가 하는 일은 바이아웃 펀드(buy-out fund, 부실 기업의 경영권을 인수하여 기업 가치를 올린 뒤, 되팔아 고수익을 내는 사모 펀드 - 옮긴이)다', '손정의는 허업가(虛業家)다'라는 비난이 시장을 맴돌았다.

원래 신규 사업 계획을 발표하면 주가가 상승하는 법이지만, 소프트뱅크는 오히려 하락하는 경우도 많았다. 주가는 경영자의 능력에 대한 주주들의 투표를 반영한 결과다. 그만큼 주가가 하락한다는 건 신규 사업에 대한 기대감이 떨어진다는 얘기며, 주주들이 경영자의 생각을 이해하지 못한다는 증거다.

먼저 성과를 보여라

어떤 젊은 직장인이 상담을 요청해온 적이 있다. 그는 신규 사업을 추진하고 싶은 데 회사에서 예산 배정을 받지 못했다고 말했다. 그래서 나는 '비공식 프로젝트'를 실시하는 게 어떻겠냐고 제안했다.

'비공식 프로젝트'는 회사에서 정식으로 추진하는 프로젝트가 아니다. 임원 회의에서 인정받지 못했기 때문에 뜻이 맞는 사람들과 논의해서 기획하고 시제품까지 만들어야 하는 프로젝트다. 그만큼 시간을 내기 어렵고 손도 많이 간다.

특히 신상품을 기획하는 일은 반대에 부딪히기 십상이다. 세상에 존재하지도 않는 물건이나 서비스의 장점을 강조하며 설득해야 하기 때문이다. 이런 제품에 대해서는 얼마든지 반대 이유를 찾을 수 있다. 시장이 어느 정도 성장하리라 예측된다거나, 기존에 있던 제품보다 우수하다는 얘기로는 이미 반대하기로 결정한 사람들의 마음을 움직이기에 역부족이다.

반대하는 사람들을 설득하려면 '설득하기 위한 근거'를 만드는 게 중요하다. 눈에 보이거나 손에 잡을 수 있는 구체적인 근거가 필요하다. 앞에서 상담했던 젊은 직장인은 비공개 프로젝트로 동료들과 힘을 합쳐 시제품을 만들었다. 그리고 그 제품을 임원 회의에 올려서 기술적으로 가능한지, 어떤 차별화된 기능을 가지고 있는지 분명하게 설명했다. 생각해보라. 설명을 듣는 것과 직접 눈으로 보는 것은 확연히 다르다. 그렇게 그는 '비공식 프로젝트'를 진짜 프로젝트로 발전시켜 상품화하는 데 성공하였다.

소프트뱅크가 성공할 수 있었던 이면에는 '반드시 성공한다는 근거'가 있었다. 소프트뱅크는 소프트웨어 유통으로 처음 사업을 시작했다. 소프트웨어를 만드는 회사와 가전제품 매장을 연결하는 일이었다. 물론 창업 직후에는 소프트뱅크의 실력을 보여줄 만한 실적이 있을 리 없었다.

이 문제를 해결하기 위해 손정의는 그 당시 가장 인기 있는 게임 소프트웨어 제작사 허드슨(Hudson)을 방문해, 5,000만 엔의 거금을 주고 독점 판매권을 획득하였다. 나아가 가전제품 매장 중 최대 규모의 판매력을 자랑하는 조신(上新)전기와 계약을 납품 계약을 맺었다. 반드시 성공할 수 있는 근거, 즉 실적의 힘을 알고 있었기 때문이다.

손정의가 근거의 중요성을 설명하기 위해 영어로 몇 번이나 반복해서 말하는 문장이 있다.

"This is proven success!"

'성공이 증명된 사례'라는 의미다. 특히 이 말은 미국에서 성공한 비즈니스 모델을 일본에 수입하려 할 때 많이 사용된다. 성공이 증명되었기 때문에 당연히 손정의가 하려는 새로운 사업도 성공한다는 논리다.

반대하는 사람들을 설득할 때 억지를 부리거나 논리적으로 압

박하는 건 별로 좋은 방법이 아니다. 누가 이기든 말다툼으로 번질 가능성이 높다. 그보다 자신이 하려는 일을 확실하게 뒷받침하는 근거를 제시하는 게 효과적이다. 자, 당신이 진행하려는 일이 성공한다는 근거는 무엇인가?

"작은 일이라도 확실하게 진행해서 성과로 만들면
더 큰일을 진행할 수 있다."

손정의는 '반드시 성공한다는 근거', 즉 실적을 쌓기 위해 허드슨 소프트웨어의 독점 판매권을 확보하고 최대 규모의 가전매장 조신전기와 납품 계약을 맺었다. 이 성공을 바탕으로 그는 더 많은 사업을 진행할 수 있었다.

반대하는 사람을 내 편으로 만든다

> 의견이 충돌하면 제 생각을 밀고 나가는 게 옳을까요?
> 주변 분위기를 살핀 뒤 합의점을 찾는 게 좋을까요?

질문에 대한 답은 '자신의 의도(의견이 아니다)는 바꾸지 말고 관계자들과 합의점을 찾는다'이다. 합의점을 찾되 주변 분위기를 의식할 필요는 없다. 자신의 의견만 고집하지 않으니 서로 언성을 높일 일도 없다. 다만 애당초 의도했던 의도가 흔들려서는 성공할 수 없다.

새로운 기획안이 떠올랐을 때 상사나 타부서 관계자들을 설득하기란 결코 쉬운 일이 아니다. 기존에 시도하지 않았던 기획이기에 당연히 허점이 있을 것이다. 정확한 시장을 예측하기도 어렵고 여러 가지 리스크도 존재한다. 그래서 아주 손쉽게 단점을 지적당할 수 있다.

나도 처음 직장 생활을 시작했을 때에는 의욕에 차서 새로운 기획안을 많이 제출했다. 하지만 실제로 진행된 적은 몇 차례 없었다. 진행하더라도 언제 흐름이 끊길지 몰라 초조했다. 예를 들자면 새로운 캠페인을 진행하고 있는데 돌연 법무 팀에서 중지를 지시하는 것이다. 그럴 때마다 항상 끓어오르는 분노를 참느라 고생해야 했다.

의견은 바뀔 수 있어도 의도는 바뀔 수 없다

손정의는 늘 사내의 관계자들을 설득한다. 신규 사업이나 기업 인수에 관한 아이디어가 떠오르면 우선 사장실 경영전략 담당 직원들과 이야기를 나눈다. 사장실 경영전략담당 팀은 원래 이전 회사에서 기획 관련 업무를 했거나 경영 컨설턴트 회사 출신인 젊은 사원들로 구성되어 있다. 손정의의 토론 파트너라고 하면 그럴싸하게 들리겠지만, 손정의나 젊은 사원들이나 각자의 생각이 달라서 서로를 설득하기란 쉽지 않다.

아이디어의 문제점이나 해결 과제가 도출되면 법률 팀과 재무 팀 등의 부장이 소집된다. 부장들과의 논의는 아침 일찍 시작하여 밤늦게까지 이어지기도 한다. 식사 시간이 따로 없을 정도다. 손정의가 생각하는 신규 사업이다 보니 검토해야 할 범위가 넓고, 해결해야 할 일도 많기 때문이다.

그렇게 미팅이 여러 날 이어지면 어느 정도 결론이 도출된다. 그리고 그 결론은 대개 손정의가 처음 생각했던 방법과 다르게 바뀌어 있다. 하지만 손정의는 겸허하게 그 결론을 받아들인다. 비록 목적에 이르는 방법은 달라졌어도 신규 사업이나 기업 인수 같은 최종 목표는 바뀌지 않았기 때문이다. '의견은 바꿀지 몰라도 의도는 바꾸지 않는다'는 게 손정의의 원칙이다.

다음에는 외부 파트너인 기업과 협상을 시작한다. 자금 조달을 위해 은행 담당자와 미팅을 하기도 하고, 상품 판매 채널을 만들기 위해 대리점 간부들을 모아 교육을 진행하기도 한다. 이때 현장 관계자들과 외부 파트너들의 목소리를 꼼꼼히 수렴한다. 이처럼 아이디어가 다듬어지면 실제로 시도할 만한 사업 플랜이 완성된다.

손정의는 합의를 도출하기 위해 사내에서 치밀한 사전 공작을 펼친다. 손정의가 세운 회사이니 그가 말하면 모든 일이 다 진행될 거라고 생각하겠지만, 실상은 그렇지 않다. 소프트뱅크는 항상 자신보다 더 큰 규모의 사업에 도전하기 때문에 외부에서 자금을 조달하고 대리점망도 적극 활용한다. 그러기 위해선 먼저 사내 직원들의 의견을 하나로 모을 필요가 있다. 내부 의견이 하나로 뭉치지 않으면 결코 외부 인원을 설득할 수 없다.

게다가 손정의는 특정 단계가 지나면 각 부서에 업무를 위임한다. 손정의와의 소통에 뒤처지는 부서는 업무 진행에 차질이 생기게 마련이다. 그러므로 소프트뱅크 직원들은 손정의와의 의사소통에 많은 시간을 할애한다.

말하기 전에 듣는다

그렇다면 어떤 방식을 취해야 새로운 기획안을 통과시킬 수 있을까? 아이디어 단계에서 상사에게 말하는 일은 자제하자. 어떤 아이디어든 처음 생각한 형태는 문제가 많다. 그대로 제안했다간 경험이 풍부한 상사에게 지적을 받을 수도 있다.

제안서를 제출하기 전에 반드시 다른 부서의 친한 사람들에게 의견을 물어보자. 점심시간에 밥을 먹거나 담배를 피우면서 얘기해도 상관없다. 분명 자신이 깨닫지 못한 리스크를 말해줄 것이다.

그렇게 다듬어진 안건을 보고도 상사는 고개를 갸우뚱할 수 있다. 하지만 이미 당신은 다른 부서의 사람들과 의견을 교환했기 때문에 상사의 궁금증을 자신 있게 해결해줄 수 있다. 문제점을 알고 제출하는 기획안과 모르고 제출하는 기획안은 천지 차이다. 상사가 허락하면 정식으로 사내 각 부서와 의견을 조율하며 일을 진행한다.

손정의의 아이디어가 그런 것처럼 당신의 아이디어 역시 반대 의견이 많을 것이다. 이때 앞서 말한 원칙을 다시 한 번 떠올리자. 의견은 바꿀 수 있으나 의도는 바꾸지 않는다! 아이디어의 목적이 무엇인지 분명히 해서 흔들림 없이 일을 진행해야 한다.

최악의 경우 비난만 난무하고 건설적인 의견을 나오지 않을 수도 있다. 그러나 좌절하거나 주눅이 들어서는 안 된다. 자기 생각과 맞지 않을지라도 의도만 같으면 계속해서 다른 의견을 제시해야 한다. "이건 어떻습니까?" 하고 몇 번이고 제안하자.

손정의는 각 부서의 담당자들과 몇 시간이고 앉아서 상대방이 꺾일 정도로 논의한다. 오너가 아닌 일반 직원들은 그처럼 상대를 몰아세우기는 힘들겠지만, 끈질기게 찾아가서 검토를 의뢰할 수는 있을 것이다. 그러다 보면 상대도 당신의 진정성을 인정하고 건설적인 태도로 접근할 것이다.

그렇게까지 했는데도 일이 틀어지면 분명 낙담할 수밖에 없다. 하지만 다시 일어서는 용기를 갖자. 손정의도 필요한 조력을 얻지 못해서 중간에 포기하거나 실패하는 아이디어가 많다. 일단 기획한 아이디어는 훗날 높은 지위에 올라갔을 때 다시 시도하거나 규모를 줄이면 성공 가능성이 높아진다.

"설득한다. 그리고 또 설득한다."

손정의 결단!

손정의는 담당자들과 몇 시간이고 앉아서 상대방이 꺾일 정도로 논의한다. 의견을 바꿀 수는 있지만, 의도는 절대 바꿀 수 없다는 결의가 다른 사람들을 설득하는 무기다. 진정성을 인정받는 순간, 사업은 일사천리로 진행된다.

모든 일에 전력투구한다

> **회사에서 제가 성장할 수 있는 기회를 주지 않습니다. 어떻게 해야 할까요?**

회사에서 기회를 주지 않는다는 것은 질문자의 주관적인 입장이다. 이렇게 말하는 순간에도 당신은 기회를 날리고 있다.

나는 소프트뱅크에 손정의 비서로 입사했다. 그때만 해도 프로젝트를 관리하는 프로젝트 매니저가 되리라곤 생각지 않았는데, 비서로서 최대한 노력을 하다 보니 어느 순간 그렇게 되어 있었다.

내가 비서로서 유의한 점은 손정의뿐만 아니라, 다른 직원들에게도 도움이 되게 하자는 것이었다. 손정의의 시간 효율성을 극대화하는 건 비서에게 당연한 일이다. 하지만 손정의의 편의만 고려하다 보면 일반 사원들은 많은 불편을 겪게 된다. 손정의는 한 번 회의를 시작하면 아침부터 저녁까지 동일한 테마로 계속 이야기를 나눈다. 그러면 회의에 참석하는 직원들이 어쩔 수 없이 다른 약속을 지연시키거나 늦게까지 남아서 야근을 할 수밖에 없다.

더 최악인 건 그동안 진행하던 기획 사업이 손정의가 전력을 다하는 신규 사업에 밀려 우선순위에서 밀려나는 것이다. 이런 개개인의 일정과 성과도 비서는 고민하고 판단해야 한다.

대리인에서 프로젝트 매니저가 되기까지

다른 계약 진행 건 때문에 시간이 촉박한 직원들은 몇 시간씩 회의가 끝나기를 기다렸다가 손정의의 결재를 받기도 했다. 오랫동안 기다렸는데 손정의가 사외 미팅 때문에 쏜살같이 달려 나가는 바람에 결국 결재를 받지 못하는 경우도 있었다.

그런 일이 반복되자 나는 담당자가 하염없이 기다리는 일을 없애야겠다는 생각이 들었다. 그래서 내가 그 자료에 대한 설명을 들고 손정의에게 브리핑하기로 했다. 특히 기한이 정해진 안건들은 누차 확인하고, 손정의가 잠시 여유를 가질 때 핵심 내용만 설명한 뒤 승인을 받았다. 손정의가 납득하지 못하면 즉시 담당자에게 연락을 취해 다른 방안을 강구하게 했다. 덧붙여 손정의의 생각이 어떤지 설명해서 재도전할 수 있게끔 처리했다.

내가 맡은 대리인 업무는 사내에서 호평을 받았다. 더 이상 직원들은 손정의에게 간단한 결재를 맡기 위해 수 시간 동안 기다릴 필요가 없었다. 오히려 같은 위치의 직원에게 마음 편하게 자신의 일을 설명할 수 있었다.

대리인 업무는 스스로에게도 큰 공부가 되었다. 손정의가 어떻게 세상을 바라보고 이해하는지 알 수 있었기 때문이다. 브리핑을 준비하면서 손정의가 어떤 코멘트를 할지 예측해보는 일은 묘한 재미까지 느끼게 했다.

그러나 무엇보다도 보람 있었던 점은 직원들이 '미키 씨 덕분에 일이 편해졌어.'라고 생각하게 된 것이다. 나는 그런 일을 하면서 스스로 자부심을 느끼고 프로젝트 매니저라는 직업에 관심을 가지게 되었다. 소프트뱅크의 프로젝트 매니저란 기본적으로 손정의의 의중을 제대로 파악하고, 그 기대에 맞게 움직이는 사람이다. 나는 매 순간 최선을 다하다 보니 어느새 손정의의 사고 패턴을 가장 잘 이해하는 사람이 되어 있었다.

프로젝트 매니저에게는 직속 부하 직원이 없다. 일을 진행할 때에는 소프트뱅크의 각 부서나 계열사 직원들을 멤버로 모집해야 한다. 그때 사람들이 "미키 씨가 하는 부탁이니 우리가 도와주자."라고 말했던 건 매우 감동적인 일이다.

나는 기회라고 생각하지 않았던 대리인 업무를 하면서 프로젝트 매니저로서 활약할 커다란 기회를 만들었다. 아무리 시시하게 느껴지는 일도 전력을 다하다 보면 머지않아 큰일을 담당하게 되는 날이 온다. 설령 그 일이 신입사원 환영회를 준비하거나 송년회 먹을거리를 준비하는 일이라도 최선을 다해서 당신만의 부가 가치를 만들어라. 어떤 일이든 반짝하는 부가 가치를 만들면 누군가의 눈에 띌 수 있다. 끊임없이 노력하는 자에게 반드시 기회는 찾아온다.

"기회는 남들이 꺼리는 업무에 있다."

손정의 결단!

많은 사람이 손정의의 결재를 받기 위해 몇 시간이고 대기하는 일이 계속되자 나는 그들을 대신해 손정의에게 브리핑을 하고 결재를 받기 시작했다. 그렇게 별것 아닌 일에도 최선을 다하면 언젠가 큰 기회가 찾아오게 되어 있다.

| 맺음말 |

답은 우리 속에 있다

이 책을 쓰면서 나는 손정의에 관한 중요한 사실을 다시 확인할 수 있었다. 바로 손정의가 인생을 대하는 태도나 회사를 경영하는 본질적인 요소에는 변화가 없었다는 것이다. 손정의의 모든 생각과 행동에는 다음과 같은 공통점이 있었다.

첫째, 현실을 있는 그대로 정확하게 인식한다. 현실을 외면하거나 비뚤어진 시선으로 바라보지 않으려 노력한다. 숫자는 현실을 바라볼 수 있는 가장 정확한 눈이다.

둘째, 사람들의 지식과 지혜를 집약한다. 사내와 사외, 지위와 계층을 구분하지 않고 모든 사람과 목표를 공유한다.

셋째, 빨리 실행하고 빨리 피드백한다. 소프트뱅크에서는 빠른 실행력이 요구된다. 실패해도 비판하는 사람은 없다. 실패에 대한 피드백을 다른 사람보다 빨리 학습하면 그만큼 더 발전할 수 있다. 그 결과 고객이 필요로 하는 품질과 서비스를 한발 앞서 실현할 수 있게 된다.

정리하자면 손정의의 사고방식은 '더 많은 사람의 지혜와 지식을 집약해서 현실에 맞는 상품과 서비스를 제공하며, 빠르게 피드백을 수용해서 소비자가 원하는 제품을 제공한다'이다.

이는 본문에서 언급한 매슬로의 욕구 단계설을 모두 충족하며, 자아를 실현한 사람들의 특성에도 근접한다. 매슬로는 자아실현을 이룬 사람의 특징을 15개 정도로 요약했다.

하나, 현실을 효율적으로 지각한다.

둘, 자신과 타인을 있는 그대로 받아들인다.

셋, 자발적이고 솔직하며 자연스럽다.

넷, 자기중심이 아닌, 문제 중심으로 생각한다.

다섯, 사생활을 즐긴다.

여섯, 환경과 문화에 영향을 받지 않는다.

일곱, 사람과 사물에 대한 인식이 구태의연하지 않고 신선하다.

여덟, 신비의 체험, 즉 절정의 경험을 한다.

아홉, 사회적 관심이 많다.

열, 깊은 인간관계를 가진다.

열하나, 민주주의적 가치를 존중한다.

열둘, 수단과 목적, 선악의 판단을 구별하며 윤리적이다.

열셋, 적개심을 품지 않고 철학적이며 악의 없는 유머 감각이 있다.

열넷, 창의적이다.

열다섯, 문화적 동화(同化)에 저항한다.

결국 문제를 해결하는 답은 우리 속에 있다. 자아실현의 기회를 잡을 수 있는지의 여부는 당신의 마음가짐에 달려 있다.
여기까지 읽은 사람은 이미 자신의 고민을 해결했을지도 모른다. 그래도 괜찮다면 책의 내용을 다시 한 번 읽어보길 권한다. 대답의 이면에 있는 본질적인 요소를 이해하면 지금보다 더 큰사람이 될 수 있다. 그러면 어떤 문제가 발생해도 쉽게 대처할 수 있다.

마지막으로 독자 여러분들이 기회를 놓치지 않고 성공하기 바란다. 리스크가 없는 인생은 없지만, 모든 문제에는 반드시 해결책이 있게 마련이다. 충실하고 알찬 인생이 되기를 바라며 이만 줄이겠다.

미키 타케노부(三木雄信)

옮긴이 **김윤수**

동덕여자대학교 일어일문학과, 이화여자대학교 통역번역대학원을 졸업했다. 옮긴 책으로는 『왜 나는 영업부터 배웠는가』『경영의 가시화』『영업의 가시화』『얼굴도 예쁜 그녀가 전략의 신이라면』『3의 마법』『너를 위한 해피엔딩』『초식남이 세상을 바꾼다』『한밤중의 베이커리』『Mr. 샐러리맨 공부 필살기』 등이 있다.

결단의 승부사, 손정의가 인생에 도전하는 법

왜 나는 기회에 집중하는가

초판 1쇄 인쇄 2014년 12월 2일
초판 3쇄 발행 2015년 1월 16일

지은이 미키 타케노부
옮긴이 김윤수
펴낸이 김선식

경영총괄 김은영
마케팅총괄 최창규
책임편집 이호빈 디자인 황정민 마케팅 이주화 크로스 교정 변민아
콘텐츠개발4팀장 김선준 콘텐츠개발4팀 황정민, 변민아, 이호빈, 임보윤
마케팅본부 이주화, 이상혁, 최혜령, 박현미, 반여진, 이소연
경영관리팀 송현주, 권송이, 윤이경, 임해랑, 하지은

펴낸곳 다산북스 출판등록 2005년 12월 23일 제313-2005-00277호
주소 경기도 파주시 회동길 37-14 3, 4층
전화 02-702-1724(기획편집) 02-6217-1726(마케팅) 02-704-1724(경영지원)
팩스 02-703-2219 이메일 dasanbooks@dasanbooks.com
홈페이지 www.dasanbooks.com 블로그 blog.naver.com/dasan_books
종이 월드페이퍼 출력·제본 스크린 그래픽 후가공 이지앤비 특허 제10-1081185호

ⓒ 2014, 미키 타케노부

ISBN 979-11-306-0431-2 (13190)

- 책값은 뒤표지에 있습니다.
- 파본은 구입하신 서점에서 교환해드립니다.
- 이 책은 저작권법에 의하여 보호를 받는 저작물이므로 무단 전재와 복제를 금합니다.
- 이 도서의 국립중앙도서관 출판시도서목록(CIP)은 서지정보유통지원시스템 홈페이지(http://seoji.nl.go.kr)와 국가자료공동목록시스템(http://www.nl.go.kr/kolisnet)에서 이용하실 수 있습니다. (CIP제어번호 : CIP2014034013)

다산북스(DASANBOOKS)는 독자 여러분의 책에 관한 아이디어와 원고 투고를 기쁜 마음으로 기다리고 있습니다. 책 출간을 원하는 아이디어가 있으신 분은 이메일 dasanbooks@dasanbooks.com 또는 다산북스 홈페이지 '투고원고'란으로 간단한 개요와 취지, 연락처 등을 보내주세요. 머뭇거리지 말고 문을 두드리세요.